FLANKER
MODELING MANUAL

フランカー モデリングマニュアル

スケールアヴィエーション編

大日本絵画

JN202852

今まさにフランカーの春なのである。

　の昔、ソ連という国があったんだけど……という説明の必要が生じるようになってからもう随分時間がたっている現在、世代によって感覚は違うかもしれないが、そのソ連がなくなってからというもの、かの国の航空機に対するアレルギーはかなり軽くなったと思う。普通にソ連／ロシアの飛行機の模型を気軽に楽しめる時代が到来し、「ソ連機は売れない」というテーゼをひっくり返してハセガワがフランカーの新作キットを次々に発売する。誰もこんな21世紀が来るとは思っていなかった。

　そして、フランカーである。前述のように、いまやソ連／ロシア製航空機は飛行機模型でも人気の題材。そのブームを牽引してきたのがこの大柄で美しい戦闘機なのは、本誌の読者ならなんとなくわかるだろう。実際、中国やロシアのメーカーを中心にここ数年でフランカー周辺のキット事情は大きく様変わりした。最新鋭のSu-35をシンプルにまとめたハセガワ、1／48で艦載型のSu-33を精密に仕上げたキネティック、妥協のないバリエーション展開で他の追随を許さない商品点数を発売するトランペッター、自国の戦闘機を精緻極まるキットに仕立てたズベズダと、各社ともに異なるアプローチでこの機体を立体化。まさに今はフランカー戦国時代の様相を呈しているのである。

　それにしても、なぜ人はフランカーの「模型」にこうも惹かれるのだろうか。強くてかっこいい、というフランカーの持っている性質も要因だろうが、やはりあの独特の曲線と直線が混じり合ったフォルムをその理由に推したい。あのややこしい形状を理解し、各メーカーの解釈を楽しむためには、模型を用意してパーツを撫でながら自分で組み立てるのが一番である。と、ここまで書いて自分でも作りたくなってきた。さて、どのキットにしようか、と悩む余地があるなんて、つい10年前は考えることもできなかった。やはり、今はまさにフランカーの春なのである。

スケールアヴィエーション編集部

あなたのフランカーをさらに魅力的にするために。 004

Chapter.1
スホーイ Su-35S フランカーE 006
（グレートウォールホビー 1/48）
製作／岡 正信

Chapter.2
スホーイ Su-35S フランカー 021
（ハセガワ 1/72）
製作／斎藤仁孝

フランカーファミリーの変遷 042

Chapter.3
スホーイ Su-33 フランカーD 044
（ハセガワ 1/72）
製作／岡 正信

Chapter.4
スホーイ Su-27UB フランカーC 056
（アカデミー 1/48）
製作／岡 正信

Chapter.5
スホーイ Su-27P フランカーB 070
（エアフィックス 1/72）
製作／毛 羽飛

Chapter.6
スホーイ P-42 レコードフランカー 082
（ハセガワ改造 1/72）
製作／橋本寿一

知ってるようで実はイマイチわからない
フランカーがこんな機体だって、ご存知でした？ 090

ALL ABOUT KITS OF FLANKERS 092

CONTENTS

あなたのフランカーを さらに魅力的にするために。
To make your flanker even more attractive

フランカーモデリングに挑戦するまえに、まずはアナタのフランカーがさらに魅力的になるマテリアルを紹介

どの色で塗ったらいいの？と言う方に これさえあれば完璧な フランカー塗装の決定版

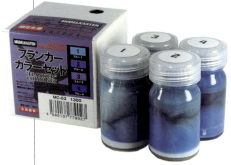

キットの組み立て説明書には各機体のカラーリングを再現するための塗装指示図があるが、「○○80％＋○○15％＋○○5％」といった場合はちょっと難解。そんな時は、市販されている専用色を使おう。ビンから出してそのまま塗るだけではなく、それをベースに調色を行ない個性を出すことも可能

▲モデルカステンの「フランカーカラーセット」は、フランカーの代名詞であるブルー系迷彩に使われる4色がセットになっている

■フランカーカラーセット
㈱モデルカステン

■VC06 ロシアンエアクラフトブルー(1)
㈱GSIクレオス

◀GSIクレオスの「ロシアンエアクラフトブルー(1)」は、セルジュコフカラーの背面色に最適

最高の作品を作るための資料写真集

ひと昔前だと旧ソ連側の機体は実機の撮影自体が非常に困難であり、それにともなう実機の資料は非常に少ないものだった。しかし現在では西側の航空ショーへの参加なども頻繁に行なわれ、実機資料に振れる機会も多くなったと言える。そんななか、日本国内で手に入り、日本語の解説付きで読むことのできる良書をご存じだろうか？「エアクラフトフォトブック03 ウクライナ空軍Su-27フランカー」（モデルアート／刊）がそれなのだが、今までにないほど美麗でディテールも詳細に写っている写真が満載で、この本があれば他に資料はいらないといっても過言ではない。フランカーを作りたければ手元においておきたい1冊だ

◀ウクライナ空軍フランカーのディテール写真が洪水のように押し寄せてくる最高の写真集だ

■エアクラフトフォトブック03 ウクライナ空軍 Su-27 フランカー
㈱モデルアート

マスキングシートで 複雑なデジタル迷彩でも大丈夫

ウクライナ空軍のデジタル迷彩にあるような「筆塗りもマスキングも超高難易度」な迷彩を再現したい場合は、専用のマスキングシートを使う。FOXBOTの「ウクライナ空軍デカール＆マスキングセット」のような、あらかじめ指定の迷彩柄に切られたマスキングシートを使えば、簡単に複雑な迷彩パターンを塗装することができる

■1/48 スホーイ Su-27S フランカー ウクライナ空軍 デカール＆デジタル迷彩マスキングセット
㈱FOXBOT

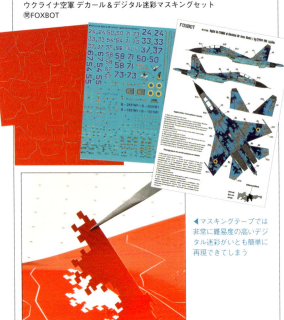

▶マスキングテープでは非常に難易度の高いデジタル迷彩がいとも簡単に再現できてしまう

煌びやかにキャノピーを輝かせるためには

▼WAVEのヤスリスティック フィニッシュ 細型さえあればキャノピーのパーティングライン消しは劇的に楽になる。ある程度やすった後、ハセガワのセラミックコンパウンドで磨けば完璧にパーティングラインを消し去ることができる

■ヤスリスティック フィニッシュ 細型
㈱WAVE

■セラミック コンパウンド
㈱ハセガワ

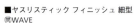

キャノピーの中央に走るパーティングラインの処理はどうしても避けられない問題。フランカーに限らず、キャノピーは航空機模型の顔なのでここを上手く仕上げられるかが作品の出来の善し悪しにつながるとも言える大事な工作なのだ

フィギュアを付けると作品に奥行きが出る

◀本書でも作品を掲載している毛氏が発売予定の1/48人民解放軍パイロットフィギュア。▶何かと使い勝手のよいモデルカステンの1/72ロシアフィギュアセット

作品にちょっと個性を出したいときは、サードパーティのフィギュアを添えてみよう。立ち姿のパイロットを添えればストーリーが広がり、同じ着座フィギュアであってもちょっとした姿勢やモールドの違いから、個性的な作品に仕上がるのだ

■1/72 ロシア現用パイロットフィギュア3体セット
㈱モデルカステン

■1/48 中国人民解放軍フランカーパイロット
㈱フェアリーホビー　飛羽模芸

精度や破損防止にも役立つ金属製ピトー管

精密な作品に仕上げたい！モデラーなら誰しも思うことだが、全体に手を加え精密感を高めるのは大変。ワンポイントだがこれを交換すると全体の精密感が上がるというパーツがある。それが「金属製ピトー管」だ。金属製に変えることで精密感だけでなく強度も出る

◀ファインモールドの金属製引き物ピトー管はプラスチックパーツでは再現できない精度と精密感がある。交換も瞬間接着剤など金属用の接着剤があれば簡単

■Su-33フランカー用ピトー管（1/72）
㈱ファインモールド
■Su-27フランカー用ピトー管（1/48）
㈱ファインモールド

貼るだけで精密感が増すシートベルト

キットにフィギュアが付属しなかったり、そもそも付属していても乗せないとなると目立つのが座席のシートベルトだ。シートベルトのディテールの良し悪しによってコクピット内の印象を決めると言っても過言ではない大事なポイントなのだ

◀立体感と精密感、それに曲げやすくプラスチック用の接着剤が使えるなど扱いやすさなど、数あるアフターパーツの中でもオススメなのがファインモールドのシートベルトだ。スケールも1/72と1/48の2種類がある

■現用機用シートベルト3（1/72用）
㈱ファインモールド
■現用機用シートベルト3（1/48用）
㈱ファインモールド

やっぱり武装をフル装備したいときに

優れたペイロードもフランカーの特徴だ。実機資料写真などを見てもフル装備で飛行しているものを多く見る。模型でもその姿を再現しようと思うと、「R-77があと2発ない」などキットに付属しているものだけでは足りないこともある。そこで用意しておきたいのがハセガワやキティーホーク、トランペッターなど各社から発売されている別売の「ウェポンセット」だ。スケールも様々発売されているので、機体と合わせて用意しておくと良いだろう

■ロシア エアクラフト ウェポン セット（1/72）
㈱ハセガワ

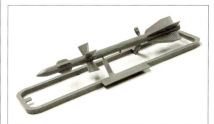

◀グレートウォールホビーの1/48フランカーシリーズに付属するR-27R空対空ミサイルは、ご覧のようにすばらしいモールドを確保しつつ1パーツで成型されたスグレモノ。これだけでも機体キットをゲットする価値がある。「キットのオマケ」としてではなく、見どころのひとつとして、しっかりと再現されたものが多くなっている

▲格子状の筋が浮き出たようなSu-35の水平尾翼。筆塗りで描くというのもスキルが必要だ。極細のマスキングテープなら再現しやすい

■ミクロンマスキングテープ 0.4mm
㈱アイズプロジェクト

フランカーといえばエンジンの焼け再現が製作のキモ。Su-35では水平尾翼にも搭載ミサイル発射時の熱対策として金属地になっていて、ここもまた見所のひとつ。しっかりと再現したい

極細マスキングテープで独特の"焼け"を再現

エンジンの汚れをリアルに再現したい方に

■タミヤ ウェザリングマスターB（スノー・スス・サビ）㈱タミヤ
■Mr.ウェザリングカラー ㈱GSIクレオス

▶フランカーのエンジン焼け再現といえば、いかに青味を上手く加えるかということがポイントになる。タミヤのウェザリングマスター（Dセット）はフランカーにうってつけの色が揃っている

フランカーシリーズといえば「エンジンの焼け再現」は切っても切り離せない工程だ。模型的に最高の見せ場となる部分だけに上手く仕上げたいところ。それにはテクニックを磨くのも良いが、ウェザリング専用のマテリアルを使えば、手軽にワンランク上の仕上がりを手にすることができる

◀GSIクレオスのMr.ウェザリングカラーはスミ入れや流れた汚れの再現はもちろん、エンジンの焼けも再現にも活用できる万能のウェザリングマテリアルだ

▲▶綿棒とひとくちに言ってもコシや固さなどメーカーによってバラツキがあるので用途や使いやすさで数種類用意しておこう

模型製作にはもともと模型用ツールではなかったが「あると便利」なアイテムが多くある。その中でも綿棒は模型作りでは必需品。デカール貼りやウェザリングなど様々な作業で活躍する。ぜひ用意しておきたいアイテムなのだ

デカールやウェザリングに必須な綿棒

Sukhoi Su-35
Сухой Су-35(NATO rep

Chapter.1

意欲的な設計が魅力のグレートウォールホビー1/48
Su-35S。実に見どころの多いキットだ。ここでは製
品の素性の良さを活かしストレートに組み上げる

Great Wall Hobby 1/48 Scale

スホーイ Su-35S フランカーE
グレートウォールホビー 1/48 インジェクションプラスチックキット
製作／岡 正信
Great Wall Hobby 1/48 Sukhoi Su-35 Flanker E
Injection-plastic kit
Modeled by Masanobu Oka

意欲的な設計が魅力の次世代型フランカーキットの決定版

グレートウォールホビーの1/48 Su-35Sは、まずその大きさに驚く。完成すると全長457mmという堂々たるサイズだ。この大きさだと組み立てが大変そうにも感じるが、インテイクの外側はスライド金型で一発抜きとなっており、また主翼と胴体は一体なので、機体上下パーツを貼り合わせるだけで「土」の字になる。デカール2枚にエッチングパーツ、加えてスモークキャノピー（初回特典）まで入っているのも嬉しいポイント

1 機首のグッと下がった感じがいかにもフランカーという風情
2 排気ノズルは開閉2種類が付属。左右貼り合わせの構造だが、モールドが小気味良いので全然気にならない
3 機首に収まっている「イルビス-Eレーダー」。基部にある油圧式の首振り機構も再現
4 コクピットは全てインジェクションプラスチック製パーツによる再現。モールドが丁寧に入れられており、説明書の指示どおりに塗装しただけでも仕上がりが期待できる
5 主脚の脚庫内部にはアクチュエーター用パイプなどの繊細な彫刻が。これは塗装後のスミ入れも映える秀逸な出来
6 支柱部分を覆うカバーがとても薄く成形されてるのも嬉しい
7 フランカーの機体下面はパネルの分割が案外細かいが、その辺も抜かりなしの再現度
8 すっかりグレートウォールホビーのお家芸になったミサイルの1ピース成形。ランナーから切り離すだけで形になっているすばらしいパーツ。このキットにも「R-27ET、R-77、R-73」などのロシア製空対空ミサイルが付属

Sukhoi Su-35S Flanker E
Сухой Су-35 (NATO reporting name: Flanker-E)
Great Wall Hobby 1/48 Scale

Sukhoi Su-35S Flanker E
Сухой Су-35(NATO reporting name: Flanker-E)
Great Wall Hobby 1/48 Scale

　新しいキットが出るといままで苦労して作ってたものがなんだったのか思うことがある。特にそれが良いものであればあるほどその思いは強くなる。本キットがまさしくそれに当る。このフランカーという機体は隔月刊『スケールアヴィエーション』誌掲載作品をはじめ多くの作品が世にでてきたわけだが、本キットはフランカーキットの最高峰と言える。機首から後方に流れるストレーキのアウトラインやもたげる鶴首のうなじ、四角から丸に絞られていくエンジンナセルなど実機の特徴を非常にうまく捉えたプロポーション。またディテールについてはこれも実機をよく研究したあとが見られる。特に機体下面付け根の傾斜や主脚部の付け根のねじれた可動部など良く実機のディテールが反映されている、などなど数え上げれば枚挙に暇がない。これらは以前自身の作例で大変苦労させられた箇所であり、それら"フランカーの問題点"が改善されており、組み上げるだけで理想のフランカーができあがってしまうから驚きだ。
　スケールモデルとしての出来の良さもさることながら工業製品としても非常に優れており、ディテールの潰れなどは見られないどころか、適切に分割されているためとても組みやすい。フランカーとしては最新の機体が模型として高い水準の商品として発売されたことは非常に喜ばしく、今後も3DCAD・成型技術の向上の恩恵を受け、さまざまなタイプのフランカーがキット化されることが期待される。
　　　　　　　　　　　　　　　　　（文／岡 正信）

1/35 ドイツ軍用バイク（RS75とKS750）から始まったグレートウォールホビーの製品は精度だけではなく、表現力においても他のメーカーから一線を画す高品質なキットとなっている。また、ミサイル本体とフィンを一体化し、ミサイルパーツを1パーツ成形するなど、技術面においても意欲的で、大戦機を含め、1/48をメインに据えた製品ラインナップは決定版と称されるものも少なくない。現用機においてもその評価は変わりない要注目のメーカーである

STEP.1 組み立て・コクピット

機体の工作ではキットの良さを活かしつつより確実に製作するためのヒントや破損しやすい部分の対処、組み立て前に塗装しておくべき部分の下準備などを解説する

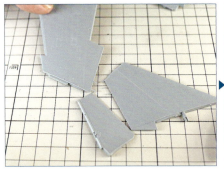

1 このキットは、わずかにエッチングパーツが付属するが、繊細なパーツのほとんどがプラスチックのままなので、破損しないように充分に注意したいところだが……

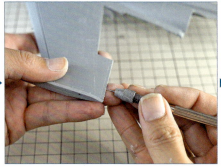

2 「どうせいずれ折れるなら、折ってしまえ!」ということで、各ライトニングアレスタはニッパーで切り落としてから0.3mmのピンバイスで穴を開け真ちゅう線に置き換えておいた

3 インテイクダクトは完成後でも案外見えるので、しっかりと合わせ目を消しておこう。350番程度の紙ヤスリを割り箸などに巻いて使用すると奥までヤスリが届いて作業がしやすい

4 キットのエンジンノズルは良くできている。ノズル先端は閉じたものと開いたものを選べる選択式だが、各々接着しないで仕上げると完成後も取り替えが可能だ

5 組み立て説明書の指示どおりではノズル内部の部品D2、D4（以下、()内は部品番号）を先に組んでから(D5)の後ろから入れるように指示があるが、このままだと入らない

6 (D4)を(D5)の後ろに付けて、そのあとに(D2)を(D5)の前から中に入れる。つまりノズルの中で内部パーツを前後から別々に入れて組む

7 実機では推力偏向によりノズルの根元が動くようになっているがキットでは可動部が別パーツになっている。(D5)と(F1)の接合部に当たる部分を少し削ると可動になる

8 本体はかなり繊細なスジ彫りモールドが入っているが、所々に彫りの浅いところがある。機体上下を接着する前に目立てヤスリやエングレーバーでスジをなぞって深くしておこう

9 前脚の収納庫は細かいディテールがあり再現度は良いが、合わせ目が目立つのでていねいに処理しておく

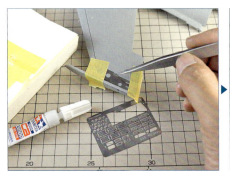

10 モールドにはエッチングパーツを貼って再現する場所もあるが、キットにはガイドとなるエッチングの治具も付属する。治具はマスキングテープで固定して使用すると上手くいく

11 キットの説明書ではシートレール(i46)は先にシート側に接着するように指示されているが、コクピットの背中側(C40)に接着しておこう

12 コクピットはロシア機特有の濁ったエメラルドグリーンを調色して塗った。調色する場合は途中でなくならないように多めに作っておく。余った色はスペアーボトルなどに入れておく

F L A N K E R　M O D E L I N G　M A N U A L

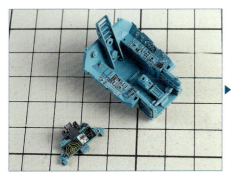
13 基本色を塗った後、各スイッチ類をエナメル塗料の筆塗りで塗り分けていく。モニター類にはデカール貼る

14 シートは先ほどの(i46)を除き、全てのパーツを組み上げる。組み立て後に黒く塗装するが、その際スケール感を考慮してやや青みがかった黒に近いグレーの方がらしく仕上がる

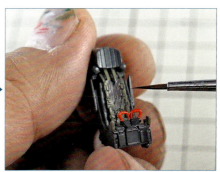
15 基本色を塗り終えたら次にハーネスやレバーなどを塗り分けていく。またデカールを貼る指示もある。小さいデカールなので貼り忘れに注意しよう

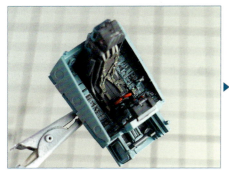
16 シートのみ接着せずにひと通り組んでみた。エッチングパーツやアフターパーツに頼らずキットのままでもディテールに密度があり充分な出来だ

17 またこの段階で塗り残しがないか確認しておく。機体に組み込んでしまうと入り組んだところなどは筆が入らなくなる。この段階でしっかりと仕上げておこう

18 機体上面パーツにコクピットを接着する。コクピットはしっかりと接着しておかないと機体内部に落ちてしまう。そうなるとリカバリーがしにくいので注意しよう

19 前後の脚収納庫の工作が終わったら後脚収納庫の後ろ側パイピングなど細かいパーツも合わせて先に本体に接着。塗装まで済ませておく

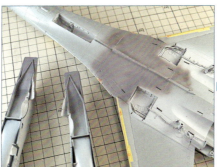
20 インテイクを本体に取り付ける。その際、本体下面とインテイク先端上面との間に隙間ができる。この隙間部分は組み付けてからでは塗り難くなるので先に塗っておく

21 明るめのブラウンを下地にフランカーカラーの1を使い塗っていく。モールドがかなり繊細なので、塗膜を少しでも薄くするためにサーフェイサーの使用は控えている

22 インテイク側の先端部分も塗っておく。塗装はベタッと塗り込めるのではなく、ムラが残るように吹く。機体色の前にブラウンを吹いているのはムラが出やすいようにするためだ

23 インテイク内部も塗装して仕上げておこう。インテイクリップの下側も忘れずシルバーに塗っておく

24 機体下面とインテイクが塗れたらインテイクと機体本体を接着していこう。その際、インテイクの前外側のみしっかり接着し、充分に乾かしてから内側のラインを接着する

25 組み立て説明書に指示はないが、念のため尻餅防止として機種のレドーム（G11）に重りとしてナットを詰めこみ、瞬間接着剤でしっかりと固定しておいた

26 このキットはレドーム内部にはしっかりとレーダーが再現されている。レドームを開けて作る場合は、重りをレーダーのすぐ後ろに入れておくと良いだろう

27 キャノピーのパーツにはバブル型の宿命、パーティングラインがあるので処理しておく。作業ではパーツの持ち方も重要。横から少し力が加わっただけで簡単に割れてしまう

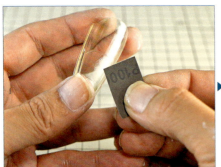
28 キャノピーを保持する際は、このように縦に持つようにすると割れにくい。パーティングラインの処理は、まず800番の紙ヤスリを使い、必要最小限だけ削るイメージで作業する

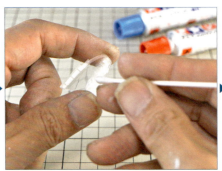
29 パーティングラインが消えたら透明度を復活させていく。1000番〜2000番へと徐々に番手を上げていき、最後はタミヤのコンパウンド（粗目）を綿棒に付けて磨いていく

30 コンパウンドも細目から仕上げ目へと番手を上げていく。磨き作業に使う綿棒は使い回さず、常に新しいものを使うと磨き傷などが付かない

31 仕上げにハセガワのコーティングポリマーでひと磨きして作業は完了。磨いた後は作業するまで傷ついたりしないように小さなポリ袋などに入れておく

32 本体の塗装に入る前に組み忘れがないか充分に確認しておく。また、各部にあるエッチングパーツには塗料の食い付きがよくなるようにメタルプライマーを塗っておく

33 塗装前工程の最後はインテイクでも使った下地のブラウンを機体全体に吹いておいた。濃度はかなりの薄めに希釈して、モールドを埋めないように少しずつ塗膜を重ねている

STEP.2 機体塗装

1/48スケールのような大きな機体では迷彩といえども塗装が単調になりやすい。塗装では間延びしないエアブラシワークとエンジン部分の焼け再現がポイントとなる

1 機体色にはモデルカステンのフランカーカラーセットを使用した。専用色なので調色の必要がなく、塗装中に塗料を切らしても色が合わないということがないので安心だ

2 塗装は大きなスケールでベタ塗りをすると単調な印象になりやすい。そこでムラを残す塗り方をしていく。一気に吹かず、むしろ細吹きぐらいの要領で塗料を乗せていく

3 主翼など面積が広い部分で吹き方のコツを掴んでおき、機首やテイルブームといった比較的に狭い部分へと進めるとムラの調子が変わらず上手くいきやすい

23.IAP, 25.DPVO, 11.Army VKS RF-95867, Red 25

an Gorbunov" Dzemgi, Komsomolsk-on-Amur 2016

4 ムラ塗装では「空気の流れ感」が弱くなるので強調のため、1500番相当のスポンジヤスリで表面をこすり「空気の流れ」と「塗膜のダメージ」を追加する。やり過ぎたらタッチアップ

5 2色目の迷彩色を塗る。まずはフランカーカラー2をエアブラシする場合と同等程度にうすめ液で希釈して、色同士の境目を筆で描いていく

6 筆で境界線を描き終えたらエアブラシを使い、ここでも吹きムラが出るように塗り込んでいく。その際、境界線に沿って細吹きすることで境目に適度なボケ足を付けておく

7 同じ要領でフランカーカラーの3を塗る。ムラ塗装は塗料の濃度に注意すれば失敗してもリカバリーはしやすいがあまりやりすぎるとムラがなくなっていくので注意

8 エンジン周りの金属表現にはクリアーカラーを使い、独特の焼表現を再現しやすく。塗料はラッカー系塗料のMr.カラーを使用した

9 エンジン部分はマスキングして行なう。マスキングで難しいのは適切なサイズに切ることと貼ることだが、カット済みのマスキングシートを使えば作業しやすい

10 金属部分の塗装を行なう。まずはカット済みのマスキングを貼っていく。機首右にある機関砲周りも同時に塗るのでここもマスキングをしておく。

11 カット済みのマスキングシートだけでは吹きこぼれてしまう。そこでマスキングシートの周りをさらに範囲を広げてマスキングしていく

12 吹きこぼれがおきそうな部分全てをマスキングテープで覆うのではなく、大きく覆える部分は紙を適当な大きさに切ったものを併用するのも良いだろう

13 入り組んだ場所でもマスキングしたい場所の形状に合わせて紙を折ることで対応できる。マスキングテープの使用量も節約できて広範囲が一気にマスキングできると一石二鳥だ

14 金属色を塗っていこう。まずは、GSIクレオスの8番シルバーを吹く。乾燥後に各小さなパネルと前半分をマスキングしてクリアブルーを薄くランダムに吹いていく

15 シルバーとクリアブルーを吹き終えたら、細切りしたマスキングテープをガイドにしてその間をガンダムマーカーのグレーを使い線を描いていく

16 同じ要領で前半分には横線を引いていく。描き入れる線はキッチリと描くというより、若干よれたりと整い過ぎていない方が実機らしくなる

17 仕上げにスモークやクリアーオレンジを吹き重ねて焼けを再現する。先ほど描き入れた線が消えない(見えなくならない)ように注意しながら塗料を吹き重ねる

18 マスキングを剥がしていく。せっかく仕上がった塗膜を剥がしてしまわないように作業しよう

STEP.3 ノズル塗装

エンジンの焼け再現に続いてノズルの塗装を行なう。エンジン部分同様にクリアー塗料を使い再現していくが、手間を惜しまずじっくりと作業することで仕上がりが変わる

1 ノズルの塗装はまず先端部内側を白で塗っておく。パーツを回しながら塗るとムラなくキレイに仕上がる

2 外側は下地にラッカー塗料のつや有り黒を塗り、その上からGSIクレオス8番シルバーを塗る。そのシルバーを残すためにマスキングテープを短冊状に切り貼り付けていく

3 実機の資料写真を参考にカット済マスキングシートには付属しない部分にもマスキングしておき、スモークとクリアーレンジを混ぜたクリアーブラウンを吹いていく

4 次にクリアーブルーを塗る。このようにランダムに色を重ねていく際は充分に稀釈を行ない、エア圧を低めに設定して行なうとコントロールがしやすい

5 さらにカット済みマスキングを使って各板の隙間をマスキングする。どの色を塗るか、どれをマスキングするのか迷うところではあるが、薄い色から塗ると失敗しづらい

6 再びクリアーカラーを重ねて焼表現特有の色の深みを出していく。またノズル後ろ側部分、実機を見るに金属というよりはプレーンな色味になっているのも注目

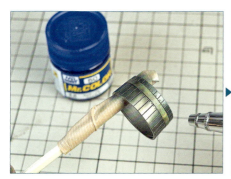

7 ノズルの根元部分も先端部同様シルバーの基本色からマスキング→着彩→を繰り返して塗っていく。あまりに繰り返すと真っ黒になってしまうので注意

8 仮り組みをしてノズル全体の仕上がりを確認する。ここで、ノズル内部も忘れずに仕上げていこう。内側の白い部分の隙間にできる汚れを、エナメル塗料を使い描いていく

9 塗料が乾いたら凹んだ両端がかすかに残るように、うすめ液で丁寧に拭き取っていく。仕上げにエナメル塗料のブラウンを薄く溶いてスミ入れしている

STEP.4 細部の塗装

機体の迷彩やエンジン部分の焼け再現が完了したら、キャノピーや足周り、兵装などを仕上げていこう。あとはデカール貼りやウォッシングをすれば完成だ！

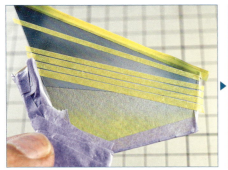

1 水平尾翼はシルバーでベースを作り、そこにクリアーカラーで色を加え、さらに線を描き入れる。基本的にはエンジン部分の焼けと同じ要領だ

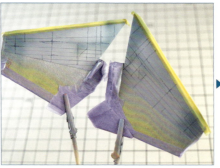

2 あとはクリアースモークやクリアーオレンジ、混ぜ合わせたクリアーブラウンを吹き重ねていく。この手法もエンジン部分の焼け再現と同じ作業工程で行なった

3 機体以外も塗っていこう。エンジンでも活躍したカット済みのマスキングシートにはキャノピー用も付属する。しかも外側だけでなく内側用も用意されているのがありがたい

4 キャノピー内側には室内と同じ色を塗る。ツヤもマスキングを剥がす前にコクピット内と合わせておく。湾曲しているパーツなのでマスキングしづらいが吹きこぼさないように注意

5 表側は機種のアンチグレアと同じツヤ消しの黒で塗る。くどいようだが黒といっても黒そのものではなく、シートと同様にわずかに青みがかった色にしている

6 カット済みマスクはこんなところにも対応している。特に小さく丸い部分はサークルカッターを使っても難しいのでありがたい

7 ホイールはタイヤと別パーツになっていて、パーツ数は増えるもののマスキングの必要がない。デイトナグリーンをベースに調色。彩度を落とした色を使用した

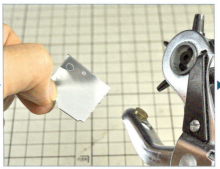

8 レンズの反射部分にハセガワのミラーフィニッシュを張り、輝きを再現した。キレイに丸く切るのは難しいがパンチがあれば簡単に切り出すことができるのでオススメの方法だ

9 塗装した脚部に先ほど切り出したミラーフィニッシュを張る。この時、奥にしっかりと張り込まないと（押し込まないと）レンズが上手くはまらないので注意が必要だ

10 脚のシリンダーシャフトのインナーホーク部分もミラーフィニッシュを貼った。キラリと光る質感が効果的

11 各脚のドア裏は全て赤いが、この程度ならばコンプレッサーのエア圧を低めに設定しておけばマスキングなしで塗ることができる

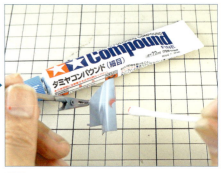

12 はみ出してもその部分を綿棒を使ってコンパウンドで磨けば簡単に剥がせる。コンパウンドを掛けた部分のツヤが変わってしまうが、クリアーを吹き直せば元に戻る

13 塗り分けのあるミサイルは、先に白を塗るか黒を塗るか迷うところではあるが、発色を考えるとマスキングの手間は増えるものの、先に白を塗った方が良いだろう

14 マスキングの貼り漏らしがないか確認したら翼部の黒を塗る。ここでもコクピットシートの時と同じく使用した塗料は黒に近いグレーに色調する

15 塗装が完了したらデカールを貼っていく。さすがに1/48スケールとなるとコーションも多くなるが、完成時にその情報量と相まって見映えがよくなる

16 ミサイルとパイロンを繋ぐ各ランチャーもこの段階でしっかり接着しておこう。もし、接着強度が心配なら0.5mm程度の真ちゅう線を通しておくと良い

17 機体にも説明書に従ってデカールを貼る。シルバリングを防ぐためにGSIクレオスのMr.マークセッターを使ってしっかりと密着させておこう

18 デカールをひと通り貼り終えたらスミ入れをしていく。その際、黒を使うのではなく茶系や白などをランダムに混ぜて使用する。黒を使うとパネルラインなど説明臭くなってしまう恐れがある

19 滲みをエナメルのうすめ液で拭き取る。作業は前から後ろへの気流を意識して拭き取る。モールドの浅いところは拭き取りきってしまう場合があるので注意が必要だ

20 最後に各ミサイルや主脚部など部品をしっかりと固定して完成。接着する際、ゼリー状の瞬間接着剤を使用すると塗膜が溶けずに接着できるので失敗しづらい

▲金属の微妙な焼けを表現する場合、クリアカラーに加えさらにこのような模型用のファンデーションを使うのも手である。写真はタミヤウェザリングマスター(D)

ノズルやエンジンの金属表現はタミヤウェザリングマスターで

完成

Sukhoi Su-35
Сухой Су-35(NATO re

FLANKER E
(ting name: Flanker-E)

Chapter.2

フランカーキット史上もっとも組みやすい
ハセガワの傑作1/72 Su-35Sを
セルジュコフカラーで仕上げる

HASEGAWA 1/72 Scale

スホーイ Su-35S フランカー
ハセガワ 1/72 インジェクションプラスチックキット
製作／斎藤仁孝
HASEGAWA 1/72 Sukhoi Su-35S Flanker
Injection-plastic kit
Modeled by Yoshitaka Saito

組みやすさとスタイルを両立したハセガワの意欲作

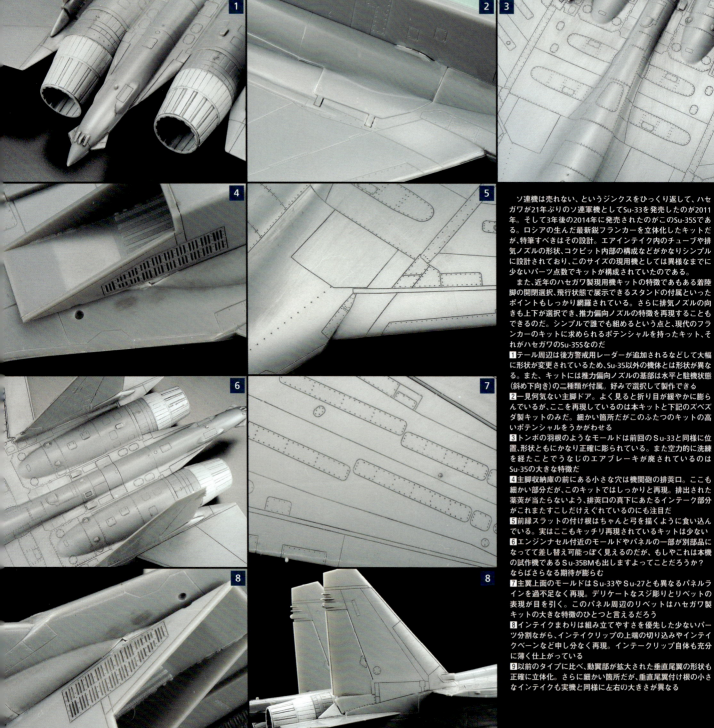

ソ連機は売れない、というジンクスをひっくり返して、ハセガワが21年ぶりのソ連軍機としてSu-33を発売したのが2011年。そして3年後の2014年に発売されたのがこのSu-35Sである。ロシアの生んだ最新鋭フランカーを立体化したキットだが、特筆すべきはその設計。エアインテイク内のチューブや排気ノズルの形状、コクピット内部の構成などがかなりシンプルに設計されており、このサイズの現用機としては異様なまでに少ないパーツ点数でキットが構成されていたのである。

また、近年のハセガワ製現用機キットの特徴でもある着陸脚の開閉選択、飛行状態で展示できるスタンドの付属といったポイントもしっかり網羅されている。さらに排気ノズルの向きも上下が選択でき、推力偏向ノズルの特徴を再現することもできるのだ。シンプルで誰でも組めるという点と、現代のフランカーのキットに求められるポテンシャルを持ったキット、それがハセガワのSu-35Sなのだ

■テール周辺は後方警戒用レーダーが追加されるなどして大幅に形状が変更されているため、Su-35以外の機体とは形状が異なる。また、キットには推力偏向ノズルの基部は水平と駐機状態(斜め下向き)の二種類が付属。好みで選択して製作できる

❷一見何気ない主脚ドア。よく見ると折り目が緩やかに膨らんでいるが、ここを再現しているのは本キットと下記のズベズダ製キットのみだ。細かい箇所だがこのふたつのキットの高いポテンシャルをうかがわせる

❸トンボの羽根のようなモールドは前回のSu-33と同様に位置、形状ともにかなり正確に彫られている。また空力的に洗練を経たことでうなじのエアブレーキが廃されているのはSu-35の大きな特徴だ

❹主脚収納庫の前にある小さな穴は機関砲の排莢口。ここも細かい部分だが、このキットではしっかりと再現。排出された薬莢が当たらないよう、排莢口の真下にあたるインテーク部分がこれまたすこしだけえぐれているのにも注目だ

❺前縁スラットの付け根はちゃんと弓を描くように食い込んでいる。実はここもキッチリ再現されているキットは少ない

❻エンジンナセル付近のモールドやパネルの一部が別部品になってて差し替え可能っぽく見えるのだが、もしやこれは本機の試作機であるSu-35BMも出しますよってことだろうか?ならばさらなる期待が膨らむ

❼主翼上面のモールドはSu-33やSu-27とも異なるパネルラインを過不足なく再現。デリケートなスジ彫りとリベットの表現が目を引く。このパネル周辺のリベットはハセガワ製キットの大きな特徴のひとつと言えるだろう

❽インテイクまわりは組み立てやすさを優先した少ないパーツ分割ながら、インテイクリップの上端の切り込みやインテイクベーンなど申し分なく再現。インテイクリップ自体も充分に薄く仕上がっている

❾以前のタイプに比べ、動翼部が拡大された垂直尾翼の形状も正確に立体化。さらに細かい箇所だが、垂直尾翼付け根の小さなインテイクも実機と同様に左右の大きさが異なる

　ノーズから翼端まで流れる妖艶な曲線美にスッとそびえる垂直尾翼。美しさだけでなく大柄ながらも高い空戦能力をも兼ね備えたこの機体に、魅了されない航空機ファンはいないでしょう。

　実機の優麗さもさることながら、じつにミニチュア映えもする機体です。模型として捉えても、複雑すぎないエアインテーク周りの形状や主翼が固定翼といったことから比較的に作りやすいと言えるでしょう。また兵装が豊富であったり、エンジン部分が金属地のままでメカニカルな雰囲気だったりと見せ場が作りやすく挑戦しがいがあります。フランカーはキットも数多く製品化されています。模型メーカー各社それぞれに特徴がありますが、今回はその中からもっとも国内で人手がしやすく、完成までの道筋が見えやすい「ハセガワ」を選択しました。

　製作では特別なことはせず、キットの組み立て説明書に従いますが、航空機模型の宿命（？）と思っているのが「整形でパネルラインが失われていく」こと。彫り直しはとてもスキルが必要な作業です。得意ではない方も多いと思います。そこで合わせ目にはパテを盛って削るのではなく、パーツの接着前に段差を調整する「擦り合わせ」を駆使して作業を進めていきました。

　難しい工作や塗装をしなくても、キットの素性の良さを活かせる初心者からベテランまで万人におすすめできるキットであるといえるでしょう。（文／斉藤仁孝）

STEP.1　コクピット／フィギュアの組み立て

コクピット内のパーツはこまかいもの、細いものもあるため作業をしやすくしておくことがポイントとなる。またキットにはフィギュアも付属する機体とはまた違った塗装法を解説する

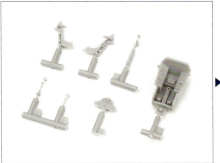

1 まずはコクピットを製作に必要なパーツを切り出していく。その際、ゲートを切らずにランナーの一部ごと切り取るようにしておこう

2 残しておいたランナー部分は、整形作業の際に「持ち手」として利用する。ランナー部分を持って作業することで、操縦桿などの細く細かいパーツのパーティングライン消しなどが各段に行ないやすくなる

3 コクピット内部を組み立て説明書の指示に従い、組み立てまえに塗装しておく。パーツに残しておいたランナー部分をクリップなどで挟んでおけば作業しやすい

4 シートの黒い部分を塗っていく。マスキングをして塗り分けるにはテープを貼る面積が小さすぎるので、まずは黒色の輪郭を慎重に塗り分けておく

5 塗り分けの輪郭を塗り終えたら、エアブラシで内側を塗りつぶしていく。エアブラシは極細吹きで行ない、グレーを残す部分にノズルを向けないように作業するのがコツだ

6 コンソールなど、コックピット内のデカールを貼る。キットは塗り分けでも再現できるようにモールドがあり凸凹している。デカール軟化剤を使いしっかり密着させておこう

7 デカールを乾燥させ、保護のためにツヤ消しクリアーを吹いてからスミ入れを行なう。スミ入れ塗料はウェザリングも兼ねるよう多目に塗り、滲みを残し気味にして拭き取っている

8 コクピット製作は完了。完成後は見えなくなるが、念のためフットペダルより奥はツヤ消しの黒で塗っておいた。液晶ディスプレイの表面はツヤ有りのクリアーを塗って質感を変えている

9 フィギュアはまずラッカー塗料のツヤ有り白でヘルメットを塗っておいてからジャケットを塗っていく。ジャケットはツヤの消えやすいアクリル塗料を使い下地色を塗る

10 ジャケットに陰影を付けて立体感を強調していこう。エナメル塗料のカーキを使い塗る。ウオッシングの要領で薄めに希釈した塗料を全体に塗っていく

11 ハーネスやブーツなどを塗り分け、バイザーをエナメル塗料の黒で塗れば完了。ハーネスも使う色が違うだけで作業工程はジャケットと同じだ

【コクピット内】
[GSIクレオス]
　Mr.カラー　No.74　エアスペリオリティーブルー
　　　　　　No.33　つや消しブラック
　　　　　　No.327　レッドFS11136

【フィギュア】
[GSIクレオス]
　Mr.カラー　No.1　ホワイト（白）
[タミヤ]
　アクリル　XF-60　ダークイエロー
　　　　　　XF-23　ライトブルー
　エナメル　XF-51　カーキドラブ
　　　　　　XF-63　ジャーマングレー
　　　　　　XF-1　フラットブラック

STEP.2 機体の組み立て

機体では基本的な工作方法、手順に加えエアインテーク周りの工作と、機体上面後部にあるバリエーション再現のためのパーツがいまひとつ組み付けに難がある。その攻略方法を解説する

1 パーツをランナーから切り出したらゲート跡などを処理しておく。整形でパーツを歪めてしまっては本末転倒。ヤスリ掛けは平な当て板に貼ったものを使用して正確に行なおう

2 コクピット内は忘れず塗装しておく。使用した塗料はMr.カラーのNo.74 エアスペリオリティーブルー。裏側だけでなく、機体の側にもキット説明書の指示に従い塗っておく

3 機体内部の塗装が完了した状態。機体下面パーツの内側は完成後みえなくなる部分だが、念のためツヤ消しの黒で塗装しておいた

4 ゲート跡の処理と内部の塗り分けが完了したら、組み立て工程の下準備としてもうひとつ、各部の穴あけをしておこう。開口部分を間違えないよう注意しながら0.8mmのドリルを使用して開けていく

5 機体の主要パーツを整形し終えたら、接着剤を使わずマスキングテープでパーツを留めて仮組みを行なう。うまく収まらない部分など、不具合がないか確認しておく。エアインテイクの仮組みは、よりていねいに行なう必要がありそうだ

6 いよいよ機体の主要な上下面パーツを接着していく……と、その前に、ここでもう一度穴あけやモールドの切断など、下準備に抜けがないか確認をしておこう

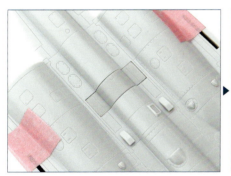

7 仮組みをした際に、パーツの擦り合わせが必要と感じた部分はエアインテイクと機体上面後部にあるパネルのパーツだ。この2ヶ所は段差や隙間をていねいに処理していく

8 パーツの隙間を埋める作業は、パーツを接着する前に機体とピッタリ合うように調整しておくとキレイに仕上る。まずは隙間ができる部分に0.1mm厚のプラ材を貼りつける

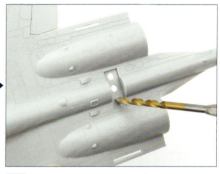

9 この作業は形状がピッタリになればなるほど、当然パーツが取りはずし難くなる。パーツを裏から押し出せるように、事前に穴を空けておいた

10 パーツの前後左右をヤスリ掛けしてまずは隙間ができないように調整する。少し削っては機体に当て、また削っては機体に付る……というのを繰り返し調整していこう

11 隙間を埋めたら形状を合わせていこう。パーツを機体から外し、瞬着パテを盛り付けて硬化させ、機体に取り付けてヤスリ掛けする。つまり機体側にはパテ類は使用していない

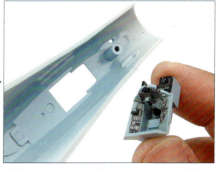

12 機体上下面パーツを接着する前に、コクピットを機体に組み付ける。コクピットの製作項目では触れなかったが、シートとフィギュアはまだフロアのパーツに接着していない

Su-35S FLANKER 'SERDYUKOV COLOR SCHEME'

▲ハセガワ製Su-35Sのバリエーションキット。他の多くのフランカーとは違い、機体上面には迷彩柄がない単色のカラーリングになっているのが特徴だ。これは国防大臣アナトリー・セルジュコフ氏が採用を進めたと言われており、そこから「セルジュコフカラー（セルジュコフスキーム）」と呼ばれている。本製品はハセガワのフランカーを単色の迷彩で製作することができるため、フランカーモデリングの第一歩としてうってつけのアイテムと言えるだろう。ただ、恒常的に入手ができる定番商品ではなく限定品である。見かけたらとりあえず入手しておくことをオススメしたい

13 機体上下面のパーツを接着して整形する。黒く見えるのは、経年変化やヒケの少ない「瞬着パテ」。スジボリの薄い機首接着線の整形はヤスリ掛けをする面積を最小限に抑えよう

14 主翼前縁にあるセンサー(小さな出っ張りのモールド)は整形作業をしやすいように一度削り落し、整形後に洋白線で作り替えた

15 エアインテークは機体と段差が発生しないように組み立てることがポイント。まずは左右幅を合わせるため内側に1mmの角棒プラ材でガイドを入れて位置決めをした

16 機体パーツと幅がきまったら高さを合わせ、インテーク側を削って調整する。接合部分の微調整はインテーク側に瞬着パテで付けておおまかに削る

17 インテークを組み立てる。まずは内側を塗装しておく。使用した塗料は調色をしないかぎり、すべて組み立て説明書の指示に従い行なっている

18 インテーク内部の塗装が完了したらウェザリングをしておこう。タミヤのウェザリング用塗料「スミ入れ塗料(ブラック)」を使いスミ入れをしておいた

19 機体にエアインテークを接着する。擦り合わせはしているものの、それでも若干の段差はできる。キットの凹モールドを消さないように、ヤスリ掛けして段差を慣らす

20 機種レドームを組み立てる。レドームのように左右張り合わせのパーツは、板ヤスリを使い、接着面をしっかり平らにしておくとパテなど使わなくても隙間なく組める

21 レドームを機体に接着する。仮り組みで機体とのズレがないように調整したが、多少のヤスリ掛けが必要になり、レドームにある凸モールドのラインが消えかけてしまった。そこでまず削っても位置がわかるようにラインに沿って印をつけておいた

22 ヤスリを使ってさらに機首を整形する。レドームにある凸モールドのラインは消えてしまうが気にせずアウトラインを整えていこう

23 レドームの筋を復元する。ノーズの整形前に付けておいた印にあわせて延ばしランナーを接着する。ポイントは目視しやすいように使用するランナーを機体と色を変えること

24 機体後部の整形では垂直尾翼の下、水平尾翼が付く面と垂直尾翼がツライチになるようにする。機体と尾翼を別々に整形すると思わぬズレが生じるので注意しよう

25 タービンのパーツはノズルに接着する前に、機体側にはめておき、面が平らになるようヤスリ掛けしておくとノズルのパーツが機体と隙間なく収まりやすくなる

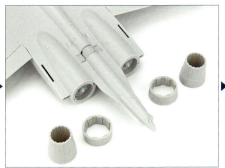

26 ノズル、ノズル基部はそれぞれ接着線やゲート跡を処理しておき、パーツ同士の接着部分をしっかりすり合わせておく。塗装のしやすさを考慮して接着は塗装後に行なう

27 機体組み立ての最後に細かいパーツを接着していく。エンジンの左側面やランディングギアハウス横にある小さなパーツも忘れないように。破損しやすいアンテナ類はまだ取り付けない

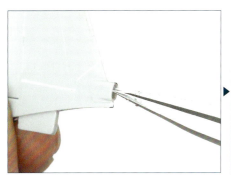

28 キットには左側垂直尾翼の空気取り入れ口にある仕切り板がない。ディテールアップというほどでもないが、プラ材の切れ端を使い追加するなどしておくと精密感が高くなる

29 完成時の兵装を決めて、機体にパイロンを接着する。使用する機体側のパイロンに穴を開け、ランチャー側には真ちゅう線を挿しておく。これで武装がしっかり留められるようになる

30 キャノピーパーツのパーティングラインを消しておく。使用したのはウェーブの「ヤスリスティック（フィニッシュ）」。まずは目が荒い緑色の面でパーティングラインを削っていく

31 次に仕上げ用の白い面で磨いてツヤを出す。キャノピーパーツはとても割れやすい。割れ対策としてプラ板などに両面テープで留めておき"指で握らないで済む状態"にして作業すると割れにくい

32 仕上げにゴッドハンドの「神ヤス！」の10000番を使い磨いた。力をいれず、表面を撫でるようにするのがコツだ。コンパウンド類は使わなかったが充分な仕上がりになった

33 キャノピーを機体に接着する。キャノピーを開いた状態で製作する場合はパイロットとシートを外した状態でコクピットをマスキングしておき、キャノピーは個別で塗装する

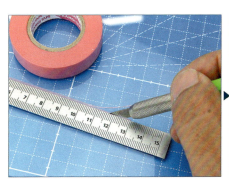

34 キャノピーをマスキングする。マスキングテープを細く帯状に切りだした物を使う。定規を使い直線になるように切り出す。最初から幅の細いマスキングテープを使うのもよい

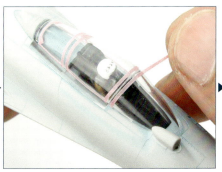

35 細切りしたマスキングテープをガラス面として残す部分の縁に沿ってテープを貼っていく。マスキングテープは細く切り出すことで曲面への密着性を高めることができる

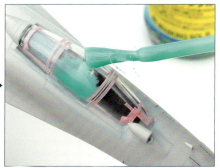

36 細切りのマスキングテープで縁を覆ったら、内側はマスキングゾルを使ってマスキングする。隙間や塗り残しがないように確認しながらしっかりと覆っておこう

STEP.3 塗装

基本塗装での注目は塗り重ねなど作業全体の順番に意味があるということだ。キレイに仕上げやすく、またツヤや質感にもしっかりと変化を持たせるというポイントを抑えつつ、もっともベーシックな方法を紹介する。

1 機体塗装で主に使用した塗料はMr.カラーを使い調色。写真左からのノーズコーンなどに使用するグレーはNo.13ニュートラルグレーに白を加えた色、機体上面はNo.AVC06ロシアンエアクラフトブルー(1)に白少々とNo.322フタロシアニンブルー少々、機体下面はNo.20ライトブルーにNo.73エアクラフトグレーと白を少々加えた色。調色する場合は途中で塗料がなくならないようにそれぞれ気持ち多めに作っておくとよい

2 塗装は機体の下面から始める。塗装はモールドを潰さないようにサーフェイサーを使わない「サフレス」で行なった。エアインテークの開口部もマスキングテープを使い塞いでおく

3 塗装は奥まった部分や塗料が届きにくいと思われる部分から重点的に塗ってく。この手順の方が塗り忘れや、塗りやすい部分が厚塗りになってしまうことを防ぎやすい

4 機体下面の塗装が完了した状態。塗装は明るい色から初めて暗い(濃い)色を重ねていくようにすると、色を乗せやすく、また上から重ねた色が下の色の影響を受けづらくて済む

5 塗料がしっかりと乾燥したら上面色を塗るためにマスキングをしていこう。サフレス塗装なので極端に粘着力の高いマスキングテープは使わないようにした

6 機体後部、エンジン側面のマスキングは水平尾翼を仮り組みして行なうとラインが出しやすい。主翼の切れ目から尾翼の先端に向かってマスキングしていく

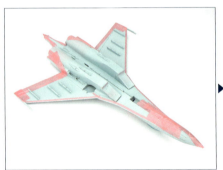

7 塗り分けの境目をマスキングした状態。このあと下面色が露出している部分を覆っていく。しっかり貼ったつもりでも隙間ができてしまうことがあるので注意して作業しよう

8 塗装はマスキングのキワから塗っていく。エアブラシは細吹きの要領で塗る。マスキングしているからといって塗料をブワッと多く吹き付けるのは事故のもと

9 機体の上面を塗る。下面のように塗りにくい(奥まって塗料が届きにくい)場所はないが、その分広い場所があるので吹きムラが出やすい。しっかりと塗りつぶそう

10 上面色の塗装完了。実機の印象に比べて青が鮮やかに見えるが、これは後のスミ入れ作業で全体が暗くなることを見越して基本塗装時点では鮮やか目にしている

11 上下面の塗り分けが完了したらノーズコーンや、主翼前縁など、グレーで指示されている部分を塗装する。この時、マスキングテープをゾルの上から貼るとゾルが剥がれるので注意

12 グレーの塗り分け指示部には複雑な形状をしているところもある。マスキングテープをマスキングする形に合わせてカットして貼る。一枚で決めようとせず複数枚に別ければ簡単だ

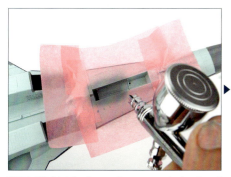

13 脚収納庫を塗り分ける。ディテールアップやウェザリングまで仕上げておきたい場合は先に塗っておき、マスキングしてから下面色を塗ることもあるが、それ以外はこの順番の方が作業しやすい

14 機体の基本的な塗り分けが完了した状態。写真にはないが尾翼類も組み立て説明書の指示に従い塗り分けてある。コクピット周りのアンチグレアはまだ塗らないでおく

15 機体下面はエンジン部分をMr.カラーNo.306グレーFS36270で塗り分け、前部脚格納庫の前にあるIFF(敵味方識別装置)も忘れずに塗っておく

16 アンチグレア、金属色部分以外の塗装が完了したらデカールを貼っていく。デカール軟化剤のMr.マークセッターを貼り面に塗り、上からデカールを被せるように置く

17 デカールの位置を合わせたら水を含ませた綿棒を用意し、デカールの中心から外側に向かって転がすように移動させ、水分を押し出してデカールを密着させる

18 デカールを貼り終えた状態。季節にもよるが1日間ぐらいは乾燥時間をおいて、しっかり水分を飛ばしておこう。乾燥時間に兵装や脚類を作っておくのもよいだろう

19 デカールの保護とツヤを整えるためクリアーを吹く。塗料はMr.カラーNo.181スーパークリアー半光沢。しっかりとクリアーの塗膜ができるように数回に分けて吹き付ける

20 クリアー吹きが完了したらしっかりと乾燥させてから、コクピット周りのアンチグレア部分をMr.カラーNo.33や消しブラックで塗る。半ツヤの機体色と差をつけるのが肝心だ

21 エンジン以外の金属色部分を塗り分けていこう。塗料はMr.カラーNo.8シルバー(銀)を使っている。マスキングしてからのエアブラシが確実だが、Mr.カラーの銀系の塗料は筆塗りしやすい

22 銀色の塗り分け完了。このあとスミ入れ作業に移る。銀色を最後(クリアー後)にしたのは、その方が金属色らしくできるから。クリアーを被せると「ギラッ」とした感じが若干曇る

23 スミ入れを行なう。タミヤのスミ入れ塗料(ブラック)を使った。スミ入れはエナメル系塗料をごく薄く希釈してスジボリなどモールドに流しディテールを浮き立たせる塗装法

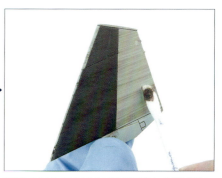

24 スミ入れでできた余分な滲みを取り除く。作業は綿棒にエナメル系薄め液を染み込ませたもので拭き取っていく。綿棒は「飛行時の気流の流れ」を意識して動かすとらしく仕上がる

F L A N K E R　m o d e l i n g　M A N U A L

STEP.4 エンジン部の焼け塗装

フランカーシリーズ共通の特徴のひとつ、無塗装のエンジン部分の焼けを再現していく。数色をエアブラシで重ねるなどの表現方法はあるが、ここでは比較的に作業が容易で効果的な手法を解説する

1 エンジン部分の金属色を塗る。ベースとした色はMr.カラー No.8シルバー（銀）にMr.カラー No.33つや消しブラック、Mr.カラー No.GX111クリアゴールドを加えたもの

2 ノズル部分のアイリス板は、先ほどのベース色につや消しブラックの量を増やし、ほぼ黒に近い色を塗っている。この作業は組み立て説明書を見てというより、やはり実機が参考になる

3 ノズルで使った色をエンジン部分にも吹き付けている。塗りつぶすのではなく中央部分にボケた感じに横線を入れてみた。これが後ほどアクセントになる

4 実機のエンジンを見ると中央にあるパネルラインを境目に青く焼けている。スジボリ線に合わせてマスキングしておき、Mr.カラー No.50クリアブルーを使い焼けを再現した

5 小さなパネルを塗り分ける。ポイントはブルー以外の焼け色、小パネル、ノズル周りとそれぞれに極端な色を使わないこと。基本は全部ベース色を使い、そこに色を足し引きだけで充分だ

6 ノズル、ノズル基部を機体に接着したら、エンジン焼けの仕上げをしていこう。Mr.ウェザリングカラーのグラウンドブラウンをエンジン全体に塗る

7 塗料が乾かないうちに毛羽立ちの少ないキムワイプなどを使い、ポンポンと上から軽く叩くように拭き取りつつ、斑点模様の滲みを付けていく

8 綿棒で不要に感じる滲みを取っていく。綿棒にはMr.ウェザリングカラー専用の薄め液を含ませるが、ほんのごく少量にしておくと作業がしやすい。綿棒で触れた部分が少しでも「濡れる」ようだと残りすぎだ

9 点検パネルやリング状の部分などはしっかりと拭き取って地の色を出しておいた。最後にMr.ウェザリングカラーのグラウンドブラウンを面相筆に取り横筋を書き入れて完了

10 エンジン部分の仕上げとしてアイリス板のモールドを浮き立たせた。使用したのはHBの鉛筆。芯の部分を擦り付けるだけと簡単なのに金属感がグッと高まる

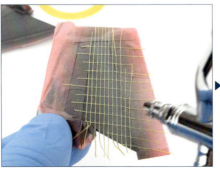

11 水平尾翼の金属色部分を塗装する。マスキングした水平尾翼に先ほどのノズルを塗るのに使用した色を塗っておき、乾燥後0.4mm幅のマスキングテープを格子状に貼る

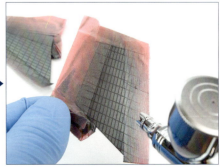

12 エンジンベース色を吹いたらマスキングテープを剥がす。すると格子状のパターンになる。さらにクリアブルーを軽く吹き付け焼けを再現。あとはエンジンと同じ方法で仕上げる

STEP.5 細部パーツの仕上げ

脚やアンテナなどの細かいパーツを仕上げていく。またそれらのパーツを組み付けいよいよ製作は完了。ここからの作業では破損や接着剤のはみ出しなどは致命的なので慎重かつ確実に作業を進めていこう

1 脚カバー類を塗装する。内側の赤から塗っていこう。グレーの成形色に直接赤を塗ると塗膜が厚くなる恐れがある。まずは白を吹き、次にMr.カラー No327レッドFS11136を塗る

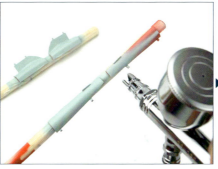

2 外側のライトブルーグレーを塗る。マスキングなどしなくてもエアブラシのノズル方向を赤く残したい面に向かないように意識すればそのままでも塗り分けも可能だ

3 はみ出しがあった場合は面相筆を使いリタッチしておく。ラッカー塗膜の上からラッカー塗料を筆塗りすること下の色が溶け出す場合もあるが、少量の重ね塗りなら問題ない

4 脚周りも製作していこう。タイヤ・ホイールの塗装は、まずホイールをMr.カラー No302グリーンFS34092で塗り、乾燥後マスキングしてタイヤを塗る

5 脚カバー類、脚パーツの塗り分けが完了したらスミ入れをしておく。乾燥後半光沢クリアーを吹いてツヤを整えたら、仕上げに金属色を塗れば完了

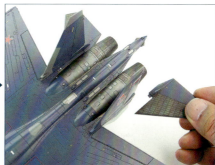

6 仕上がった各パーツを機体本体に組み付けていく。接着ははみ出しに注意しながら通常のスチロール系(トロトロタイプ)と瞬間接着剤ゼリー状で行なった

7 脚パーツは折れやすいので取り付け時に注意。ダボがキツイと感じた場合の原因のほとんどは、塗膜によりダボが埋まったりピンが太ったからなので、ドリルやナイフで処理をする

8 脚カバーは接着前(塗装前が望ましい)に機体とどこが接点になるのか、開き角をよく把握してから接着していく

9 兵装は組み立てて、パーロントの接着部に0.5mmの穴を開けておき、爪楊枝を刺しておくと持ち手になり作業がしやすくなる。塗装後にデカール、スミ入れ、クリアー吹きをしておいた

10 キャノピーのマスキングを剥がしていこう。このタイミングで剥がすのは組み立て作業中にガラス面を保護するため。剥がす作業で傷つけないように気をつけよう

11 キャノピーの右前にあるIRST(赤外線照準追尾システム)を接着する。接着ではもっとも事故が少ないと思われるゴム系のクリアーボンドを使った

12 最後にアンテナ類を接着する。組み立ての順番は破損しやすいものほど最後に接着する。これで工作から塗装とすべての作業が完了!

FLANKER MODELING MANUAL

Sukhoi Su-35S Flanker E
Сухой Су-35(NATO reporting name: Flanker-E)
HASEGAWA 1/72 Scale

▲一色増えた新国籍マーク。右が旧国籍マーク。地味に変化している

■column
ロシア空軍機の塗装の現在

　ロシア軍戦闘機の塗装で特徴的なのは、機種ごとに塗装が大きく異なる点だ。米軍は1980年代以降、機種や所属軍種を問わず同じようなモノトーンのグレイ迷彩を採用していることが多いが、ロシア空軍の場合、同じ戦闘機であってもSu-27とMiG-29では塗装が異なり、MiG-29の中でも2000年代に導入されたMiG-29SMTは、グレイとグリーンを組み合わせた従来型迷彩の代わりに白・グレイ・ダークグレイを幾何学的に組み合わせた新型迷彩を採用している。迎撃戦闘機であるMiG-31については全面グレイ、Su-24戦闘爆撃機は上面グレイ・下面ホワイトとソ連時代から大きな変化はない。任務に併せて最適の迷彩が選択されているということなのだろうが、塗料の供給や塗装作業の共通化には難がありそうなこともたしかである。
　これに対し、セルジュコフ前国防相は、迷彩塗装の統一を指示。この結果、2010年頃以降にロールアウトしたり近代化改修やオーバーホールを受けた機体は、上面を濃いダークグレイ、下面をブルーグレイの共通規格で塗装されるようになった。確認されている限りでは、Su-30SM、Su-34、Su-35Sといった戦闘機・戦闘爆撃機だけで無く、Su-25攻撃機やA-50空中早期警戒機、陸軍航空隊のヘリコプターも全面的にこの塗装になりつつあるようだ。爆撃機については今のところ塗装の変更は認められていない。
　ただし、この塗装はセルジュコフの独断で決められたものであるため、積雪時には非常に目立つなど、現場からは不評であるようだ。2012年11月にセルジュコフが失脚した後もダークグレイ迷彩機は増え続けていたが、一括購入した塗料が尽きれば再び従来型の迷彩が復活するかもしれない（2013年末になってザバイカル地方のドムナ空軍基地に配備されたSu-30SMは従来型の薄いブルーグレイの迷彩であったことが注目される）。
　尾翼に描かれる国籍マークも、2010年から変更された。ロシア軍はソ連崩壊後も赤い星に白い縁取りを施した国籍マークを使用してきたが、ロシア独自の新しいマークを制定しようということで、白フチの内側にさらに青フチを引いてロシア国旗カラーのマークが採用されたのである。しかし青フチは細い上に遠目には赤と溶け込んでしまうため、よほど注意して見ないとまず気づかないだろう

HASEGAWA 1/72 Sukhoi Su-35S Flanker
Injection-plastic kit
Modeled by Yoshitaka Saito

フランカーファミリーの変遷

イラスト／HMM 二宮茂樹　Illustrated by HMM Shigeki Ninomiya

**なんだかんだで見分けが付きにくく、けっこうめんどくさいフランカーシリーズの分類　
ここでは主要なフランカーのバリエーションをざっくりと解説する**

全ての大元になった原型機
実験機なので見た目が実戦機と全然違う。色々と試行錯誤が読み取れる機体である

量産型とは割とけっこう違うところが多いんです
T-10-1

▲フランカーの試作機。最大の特徴が主翼の前縁が曲線になっている点で、ひと目で分かるくらい見た目に特徴がある。主脚のフタがエアブレーキを兼ねるところもチャームポイントである

記録に挑んだフランカー
速度記録特化型。無塗装な上に機体のデコボコを埋めたパテまみれなのが見た目の特徴だ

塗装してないから「全裸」フランカー
P-42

▲ストリークフランカー、つまり全裸のフランカーと呼ばれたP-42。強力なエンジンの他はレーダーすら搭載しない最小限の装備で速度や高度などの記録に挑戦し、27個もの世界記録を打ち立てた

機首の形が全然違う、並列複座型
一番特徴的な見た目のフランカーがこの系統。並列複座にしたことで機首が横に巨大化し、扁平なぬる〜っとした形状になっているのが最大の特徴。一応攻撃機だけど元々は戦闘機なので空戦までこなせる器用な機体なのだ

戦闘も爆撃も攻撃も なんでもこなす万能選手
Su-34

▲平べったくて巨大な機首が一度見たら忘れられないSu-34。コクピットには便所やキッチン（電子レンジ？）がついているという話だが、イマイチディテールがわからないところもある

ロシア海軍&輸出向けモデル ……って何ソレ？
Su-32FN

▼ロシア海軍および輸出型として開発されたSu-34。ソノブイや魚雷も使えるという触れ込みだったけど、残念ながら予算不足で海軍にも納入されていない模様

※他の部分は大体Su-34と同じです

めっちゃ強い系フランカーといえばこのへん
さまざま能力を強化するため、またフランカーの後継機（PAK-FAとか）の実用化までの穴埋めのため、最新技術をガンガン投入して作られた強化型がこのあたりの機体。これらを作って得られた技術で、すでに配備されているフランカーが強化されたりしている

なんかさぁ～推力偏向って 最近流行ってるらしいよ～
Su-37

▲ザックリ言うとSu-35のエンジンを推力偏向ノズル搭載型に変更した機体。研究機のまま開発中止になったため実際には配備されなかったけど、データはSu-35S開発の役に立ったという

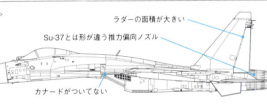

とりあえず現状最強の フランカーって言ったらコレ
Su-35S

▲ステルス性能の下がるカナード翼を廃したにも関わらず、めちゃくちゃ性能の上がった名実ともに現状最強のフランカー。Su-35系列としては初めて量産された機体でもある

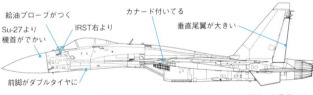

色々試してみたくって カナードつけちゃいました
Su-35

▲輸出用のアップグレードフランカー、という機体。初飛行は1988年と意外に古い。でかくなった機首レドームの中には「バルス」というどこかで聞いたような名前のレーダーが入っている

中国的最強的戦闘機のみなさん
ロシアに無許可で勝手に積んじゃいけない部品を積んでしまったり、機体の入手経路が限りなくブラックだったり……と成り立ち自体がなかなか波瀾万丈な中華系フランカー。近年の中国の軍備強化のおかげでなにかと注目を浴びがちな機体ばかりである

ドラゴン怒りの独自改良に ロシア人も激おこ
J-11B

▲中国がライセンス生産していたフランカーに、ロシアから生産許可が下りなかった部品を勝手に（スパイ活動や無断コピーで）開発して積んでしまった機体。いろいろ物議を醸した

これはちゃんと輸出して もらった機体なんだからね！
Su-30MKK

▲Su-30の中国向け輸出型。見た目は大体Su-30MKIとかと同じだが、垂直尾翼はSu-35のものを使っているとか。これは一応無断コピーではなくちゃんと輸入した機体である

空母の次は艦載機だって 欲しいじゃないの
J-15

▲ウクライナに放置されていたSu-33の試作型を購入し、それをもとに（勝手に）コピー生産した艦載型。中国初の空母の艦載機となる予定だが、実際どんな調子なのかわからないところも多い

F L A N K E R   M O D E L I N G   M A N U A L

Sukhoi Su-33

Сухой Су-33(NATO rep

Chapter.3

ハセガワから21年ぶりの旧ソ連機のキットとして発売
された1/72 Su-33フランカーDを特徴的なブルー系迷
彩塗装法にクローズアップして解説する

HASEGAWA 1/72 Scale

スホーイ Su-35 フランカーD
ハセガワ 1/72 インジェクションプラスチックキット
製作/岡 正信
HASEGAWA 1/72 Sukhoi Su-33 FLANKER D
Injection-plastic kit
Modeled by Masanobu Oka

FLANKER D

ting name: Flanker-D)

21年の沈黙を破り発売された新世代フランカー

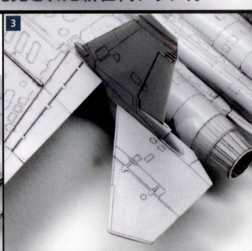
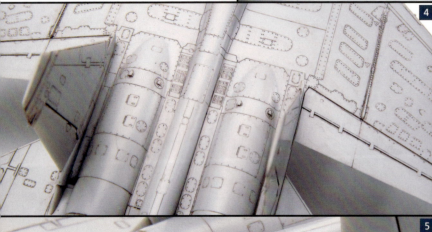

'90年に発売されたハセガワ 1/72 Su-27。機体が西側に公開されて間もない時期に登場したそれは、まだ資料が乏しかった当時としては出色の内容で、今もってSu-27の1/72キットとしては決定版とされている。しかし当時の国内での認知度の低さと、「旧ソ連機は売れない」という市場に影響されてか、その後ハセガワでは21年間もの間、一部のデカール替えを除きフランカーのバリエーションはおろか新規金型の旧ソ連機キットが開発されることはなかったのである。しかしその間、'90年代後半ごろからTVゲームなどでのフランカーの露出は続き、若いファンの間で「フランカーはかっこいい」という認識が育まれていた。そして'09年、ハセガワは『エースコンバット6』に登場するアイドルマスター仕様のいわゆる"アイマス機"のキット化を開始。シリーズの爆発的ヒットによって、同作に登場するアイマス仕様Su-33のキット化も待望されていた。そして'10年、ついにハセガワより完全新規金型によるSu-33の開発を発表。まずアイマス仕様が'11年3月に、そして待望のロシア海軍型が5月に発売。実に21年ぶりのハセガワによる新規金型の旧ソ連機となり、その間に育まれたフランカー人気の土壌と繊細かつシャープなキット内容で、ユーザーに高い評価をもって迎えられたのである。

1 前脚も少ないパーツ点数ながらも実機の雰囲気をしっかりと再現。取り付けには工夫がなされ見た目以上に剛性感は高い。また、主脚もエンジンナセル横のバルジから生える固定用基部まで完璧に再現されており、タイヤとホイールが別パーツで塗装が容易になっているのも嬉しい

2 武装は見ても分かるように機体に12箇所設けられたステーションでは足りないほど付属。P-27アラモをはじめB-8 80mmロケットポッドまで付属する充実ぶり。フル装備にした時の迫力は満点だ

3 垂直尾翼に関しては、垂直尾翼本体は基部以外はワンパーツで構成され、組み立てやすさと高い精度を両立している

4 写真を見ても分かるように、胴体上面中央から左右に延びるトンボの羽根のようなモールドは実機同様の両端がすぼまった形状が完全に再現されており、旧キットに比べてリサーチが行き届いていることを感じさせる。また、チャフディスペンサーなど尾部周辺のモールドの密度感もバッチリ。エンジンナセルも中央を挟んで左右が非対称になっているモールドを再現している。主翼は折りたたむことはできないが、立体的で繊細なヒンジのモールドがその機能を充分感じさせる

5 排気口は縁の薄さも充分。旧1/72キットではやや大きく感じられたエンジン自体のサイズも実機のバランスに収まっている

Sukhoi Su-33 Flanker D
Сухой Су-33 (NATO reporting name: Flanker-D)
HASEGAWA 1/72 Scale

フランカーのブルー系迷彩塗装法

フランカーを印象づける要素のひとつとして旧ソ連・ロシア空軍のブルー系迷彩があげられる。ここでは、フランカーに施されたブルー系迷彩にクローズアップして『フランカーカラーセット』によるハセガワ 1/72 Su-33の塗装法を紹介する

▶生粋のフランカーマニアであるモデラー、岡 正信氏がフランカーのためだけに調合した塗料が、そのままの色あいでモデルカステンより発売された。セットされるのはここに掲載したHow to作例で実際に使用したSu-33の迷彩用の3色に、Su-27によく使われているバイオレット系のブルーを加えた4色。この1箱を応用すればSu-33のみならずフランカー系全般を塗装できる優れもの。フランカー製作の際には必携のカラーセットなのだ

■モデルカステンカラー フランカーカラーセット
●モデルカステン

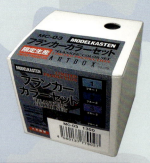

STEP.1 塗装の下準備

本体の迷彩塗装に入る前に機体各部に簡単な下準備を施す。通常ならば機体のパーツすべてにサーフェイサーを吹き付けるところだが、パーツ表面の繊細なモールドを活かすため、あえてサーフェイサーを吹かない状態からの迷彩塗装とした。ただし、ミサイルなど影響を受けにくい箇所にはサーフェイサーを吹いている。簡単な工作ばかりだが、いずれも塗装が始まると取り返しがつかない工程なので注意しよう

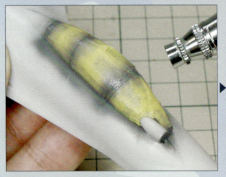

1 キャノピーの枠の内側の色としてグレーを吹き付ける。この上から塗装することで枠の裏にも色がのっているように見える

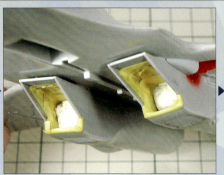

2 先にマスキングしておいたインテークの内部に丸めたティッシュを入れ、内部に塗料が吹き込まないようにしておく

3 ミサイルとランチャー、パイロンは機体表面のモールドに比べてモールドが少ないため、先にサーフェイサーを吹く

CAUTION
下準備の工程の中で特に注意したいのがキャノピーにあらかじめグレーを吹いておくこと。これがないと完成後のキャノピー周辺にまったく締まりがなくなってしまう。機首周りは飛行機の顔、絶対に塗り忘れのないようにしたい

STEP.2 ブルー1を塗る

本体の迷彩塗装に入る前に機体各部に簡単な下準備を施す。通常ならば機体のパーツすべてにサーフェイサーを吹き付けるところだが、今回はパーツ表面の繊細なモールドを活かすため、あえてサーフェイサーを吹かない状態からの迷彩塗装とした。ただし、ミサイルなど影響を受けにくい箇所にはサーフェイサーを吹いている。簡単な工作ばかりだが、いずれも塗装が始まると取り返しがつかない工程なので注意しよう

1 全体の下地色として、モデルカステンの関節カラー「スペリオルウォームグレー」を3倍程度に薄めたものを吹く

2 乾燥後、塗膜が厚くなってしまった部分に軽くスポンジヤスリをあてて平らにする。この時点では塗りムラは気にしなくても問題ない

3 ブルー1を3倍程度に希釈して吹く。最初は大きくムラを出していくくらいの吹き方で機体表面の色調の変化を意識しよう

4 3~4回塗り重ねた状態。グレーやベージュを薄めて吹いた上からブルー1を吹いて色味に変化をつけ、表面の情報量を増やす

5 機体以外にも各尾翼やパイロンなどにもブルー1を吹く。細かい下地の透けやムラはそのまま残しておくくらいでよい

▲今回はモールドを活かすためにサーフェイサーを使用しなかったが、そのかわりパーツの表面を塗装前にアルコールをしみ込ませたティッシュで拭いておいた。こうすることで今までの工程でついた指の脂やホコリなどをとり、サーフェイサーなしでも塗膜を強くすることができる。アルコールは薬局などで購入することができるぞ

塗装前にアルコールでパーツを拭いておく

CAUTION
塗装の際は、とにかくモールドを埋めてしまわないよう細心の注意を払う。あと2色を迷彩として重ねていくことになるので、この段階での塗膜はとにかく薄めに。濃度は塗った塗料がすぐ乾くくらいでちょうどだ

FLANKER MODELING MANUAL

STEP.3 機体の迷彩を塗る

ブルー1を塗り終わったら、次に色の濃い2色(以下フランカーカラーセットでの表記に準じてブルー2、4と呼ぶ)を使い機体に迷彩を描いていく。ここでも前の工程と同様に塗料の濃度を薄くしておき、モールドを埋めないようにしよう。また、マスキングをするときにはマスク自体を1mmほど浮かせることで、迷彩色の境界線の微妙なボケ具合を再現できる。迷彩は塗装工程のハイライト。色の情報量に気を配りながら完成させたい

1 説明書の塗装図を模型の原寸大に拡大コピーし、三色の中で一番色の薄い箇所をナイフで切り抜いてマスクを作る

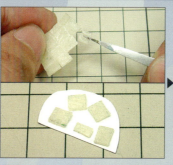

2 両面テープを貼り重ねて1mmほどの厚みにしたものをブロック状に切り分け、先ほど作ったマスクの裏に貼り付ける

3 マスクをパネルラインにあわせて機体に貼る。主翼の端など機体の縁のすき間から塗料が入り込まないようにテープを貼っておく

4 機体の表裏の境界線部分のマスキングのため、機首、機体側面のストレーキの裏側、機体後部のエンジンナセル左右の3箇所にマスキングテープを貼る。塗面に対して垂直を保ちながらハンドピースを動かすなら主翼の裏側には塗料が回り込むことはないので、主翼裏面へのマスキングは特にしなくてもよい

5 マスキング後ブルー2を吹く。円を描くように手を動かすなど、塗りかたに変化をつけよう。薄めた下地色を吹いてからもう一度ブルー2を重ねるなど、他の色味を足してもよい

6 2色めの迷彩を塗り終わった状態。塗膜が薄いのでマスキングをはがす時には先に塗った塗料がはがれないよう充分に注意しよう。機体本体だけでなく補助翼類の迷彩も忘れずに

7 塗装図の一番濃い色以外の部分を切り抜きマスクを作る。面積が大きいので、両面テープはマスクの縁に沿って貼っておく

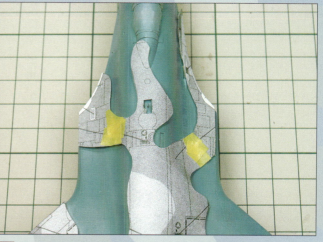

8 機体背面の曲面など立体的な箇所のマスキングは一旦塗装図を切り分けた後マスキングテープでつなぎ、機体形状に合わせる

FLANKER MODELING MANUAL

49

9 ブルー4を塗る。この時も塗料を薄め液で3倍ほどに薄めたものを使用。機体の縁を塗る時は塗装する面に対してハンドピースを動かし、裏面への塗料の飛び散りに気をつけよう

10 関節カラーのスペリオルウォームグレーをパネルラインなど部分的に薄く吹き付け、表面に茶色のニュアンスをつける。全体の中で一箇所だけ極端に濃いところができないように注意

11 スペリオルウォームグレーを塗った後、塗りすぎたところや、塗料が回り込んだ箇所へのリタッチも兼ねてブルー4をもう一度軽く吹く。これによって全体の色あいをなじませることができる

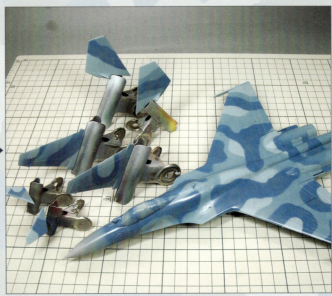

12 迷彩が終わった状態。乾燥後にマスキングをはがし、一度カナードや水平尾翼をはめて迷彩の境界線がつながっているか確認する。全体に軽くムラや色あせがあるような感じになれば成功

13 レドームのマスキングの際は、まず細切りにしたマスキングテープをパーツ分割のラインに沿って一周させる

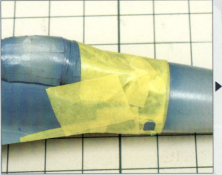

14 レドームの分割線に沿って境界線を先にマスキングした後、機首周辺を大きめのマスキングテープで覆う

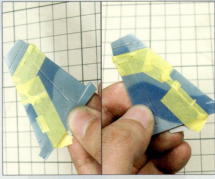

15 垂直尾翼の前線のマスキングはやや複雑なので、塗装図をよく確認しマスキング幅にあわせて細く切ったテープを活用する

説明書の塗装指示を原寸に拡大する必要があるマスキングの工程。塗装図の右下には図の縮小倍率が書いてあるので、これを参考に拡大コピーをかければよい。ちなみに側面図は125%、上下面図は167%に拡大すれば1/72のキットと同寸の塗装図を作ることができる。この縮尺表示は他のキットでも書いてあるぞ

説明書は塗装指示の角に注目

◆この塗装図は1/72スケールで、側面80%、上下面60%に縮小してあります。
◆This marking chart has been reduced by 80% in the side view and 60% in the top and bottom views from 1/72scale.

STEP.4 機体全体の仕上げ

いよいよ全体の仕上げ。まずはデカールをすべて貼り、機体全体に茶系の塗料をベースにした色でスミ入れ。その後各部の部品を取り付けていく。エンジンナセルの金属表現を行なうのもこの工程だ。スミ入れのポイントは黒一色や茶色一色だけというような単色でのスミ入れをしないこと。フラットブラック、フラットブラウン、フラットホワイトなどエナメル塗料を何色か用意しておき、機体表面で混ぜるようにスミ入れしていこう

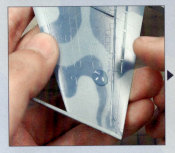

1 デカールを機体に貼る前にデカールを貼る予定の位置に水を一滴落とす。こうすることでデカールの位置の調節が容易になる

2 水滴の上に台紙からはがしたデカールを置き、位置を調節した後で綿棒を使い余分な水分を吸いとってパーツに定着させる

3 シルバリングが起こってしまったらある程度乾くまで待ち、デカールの上からマークセッターを多めに盛るように塗る

4 少しデカールが柔らかくなったらナイフで白い部分を突き、細かい穴をあけてパーツとデカールの間にマークセッターを充填する

5 すべてデカール貼ったらツヤありのクリアーをごく薄く乾かしながら吹き付け、スミ入れの前にデカールの表面をコートする

6 エナメルのフラットブラック、フラットブラウン、ハルレッド、フラットホワイトなどを薄めてランダムに塗り、スミ入れを行なう

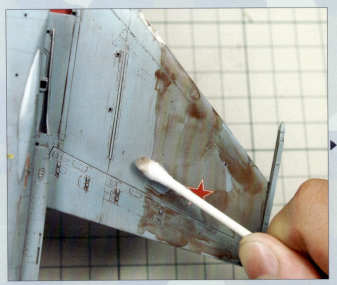

7 乾燥後エナメル溶剤をしみ込ませた綿棒でスミを拭く。前→後の一定方向に綿棒を動かし、機体表面の筋が乱れないよう注意

8 スミを拭き終わったら、表面にツヤ消しクリアーを吹いて全体のツヤを整える。部分的にツヤを残して質感に幅を持たせてもよい

▶綿棒は一度水につけてから先端を強く絞り、その後デカールの水分を吸うようにする。直接乾燥した綿棒をあてるとデカールを傷つけてしまう可能性があるため、綿棒は使う前に一度湿らせてから使うとトラブルが少ない

綿棒は一度湿らせてから使う

FLANKER MODELING MANUAL

9 エンジンナセル、水平尾翼裏面など金属色の部分をマスキングし、塗料の飛び散りを防ぐため全体をカバーする

▶今回は仕上げとしてタミヤウェザリングマスターDセットをパネルラインに塗り込んだ。クリアー塗料と併用すれば実感はバッチリ。金属の焼け表現には必携のマテリアル

金属部の仕上げはウェザリングマスターで

10 エンジンナセルなど金属色の箇所と排気口にあらかじめ黒を吹き付け、銀の発色を良くするための下地を作っておく

11 下地の黒が乾いたら上からGSIクレオス8番シルバーを均一に吹き付ける。金属的な光沢が出てくるまで数回に分けて塗装する

12 パネルラインに沿って3〜4倍に薄めたタミヤエナメルのスモークを数回に分けて吹き付け、金属の焼けを描いていく

13 続いて同じく3倍ほどに薄めたクリヤーブルーとクリヤーオレンジをパネルラインに沿ってランダムに吹いて焼けを描く

14 水平尾翼の金属部分はクリヤーブルーなどは使わず、薄めたスモークでパネルラインに沿って陰影をつけるだけとした

15 前脚やアンテナなど細かい部品はゼリー状瞬間接着剤を皿に出してつまようじで塗って接着すると量を調節しやすい

16 パイロンを接着する際は前後の向きに注意。基本的には先が尖っている方向が前側であると意識すれば間違えないだろう

HASEGAWA 1/72 Scale
Sukhoi Su-33 Flanker D

279th Fighter Aviation Regiment, Russian Naval Aviation, on board Admiral Kuznetsov.

今回作ってみて改めて思ったのは、キットを生かすも殺すも色次第というか、塗装次第だということ。青を基調にした迷彩の飛行機は色自体がまず非常にややこしく、鮮やかにしすぎるとオモチャっぽくなるし、くすませるとどんどん似なくなっていく。写真を見ても機体や光源によって全然見え方が違うし、青い機体、特にフランカー系はやはり色が微妙なのだと感じた。おまけに上からスミ入れしたりもするのでその色調の変化も計算に入れなくちゃいけない。具体的な塗装の工程にしても、厚塗りしてモールドを潰しては元も子もないし、マスキングもある。正直塗装に関して考えることが多いのは事実だ。

せっかくいいキットだからなるべく少ない手間できれいに仕上げてあげたいのが人情。そういう意味では監修させてもらったフランカーカラーセットはモデラーがいろいろ考えなくちゃいけないことの手間をひとつ減らすことができると自信を持って言えます。なんせ今回自分が考えまくって調色した色の詰め合わせなので、コレさえ持っておけばフランカーの色に関してはまず大丈夫といえる自身作です。

（文／岡 正信）

FLANKER MODELING MANUAL

Sukhoi Su-27U

Сухой Су-27(NATO repo

B FLANKER C
(ting name : Flanker-C)

Chapter.4

アフターパーツ、ディテールアップパーツを惜しげもなく
投入して過剰なまでのディテールアップを施した
"究極のフランカー"を作る

ACADEMY 1/48 Scale

スホーイ　Su-27UB フランカーC
アカデミー　1/48 インジェクションプラスチックキット
製作／岡 正信
ACADEMY 1/48 Sukhoi Su-27UB FLANKER C
Injection-plastic kit
Modeled by Masanobu Oka

6 インテーク内には異物混入を防ぐFODスクリーンを配置。大きな目の格子にさらに目の細かいメッシュが重なるという実機の構造を、キット付属のスクリーンと市販の金属製メッシュを組み合わせることで表現している

7 巨大な機体全体に渡る凹モールドはそのほぼすべてを彫り直しており、その数は膨大。とくにリベットはひとつひとつを彫り込んだ労作だ

8 排気ノズルはノーススターモデルズ社製のパーツを使用。アイリス板一枚一枚が薄いエッチングパーツで再現されており、非常に繊細な仕上がりを楽しめるアフターパーツだ

スホーイ Su-27UB フランカーC
アカデミー 1/48 インジェクションプラスチックキット
製作/岡 正信
ACADEMY 1/48 Sukhoi Su-27UB FLANKER C
Injection-plastic kit
Modeled by Masanobu Oka

FLANKER MODELING MANUAL

Sukhoi Su-27UB FLANKER C
Сухой Су-27 (NATO reporting name: Flanker-C)
ACADEMY 1/48 Scale

1 2 コクピットはアイリス製のコンソール上面パーツにエデュアルドのカラーエッチングパーツを追加。コンソール上面は比較した結果一番出来のよかった単座型用のパーツをこの部分のためだけに用意している。機体内部の淡いブルーグレーにはモデルカステンのフランカーカラー1にデイトナグリーンを少量混ぜて使用。モールドが埋まらないよう溶剤で3倍以上に薄めたものを吹き付けて色を乗せた。コクピット内のウェザリングにはタミヤエナメルのハルレッドを使用し、全体の印象を引き締めている

3 4 5 着陸脚の収納庫にはアイリス製のレジンパーツを使用しディテールを盛り込んでいる。このセットには脚だけではなく扉も付属しており、脚まわり全体をワンパッケージでディテールアップすることができるという非常に使い勝手のいいアフターパーツだ。ただ、アイリスのパーツはすべて実機の原寸に基づいて設計されているので、組み込みには細かい調整が必要となった

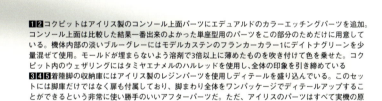

アフターパーツを駆使して
ディテールアップを施した
"究極のフランカー"を作る

飛行機モデラーならば一度は思うことがサードパーティーのディテールアップパーツをふんだんに使用したいわゆる"全部乗せ"な作品。ここで紹介するフランカーはディテールを最大限に追い求めたフランカーの終着点ともいえる作品なのだ

STEP.1 アフターパーツ AFTERMARKET PARTS

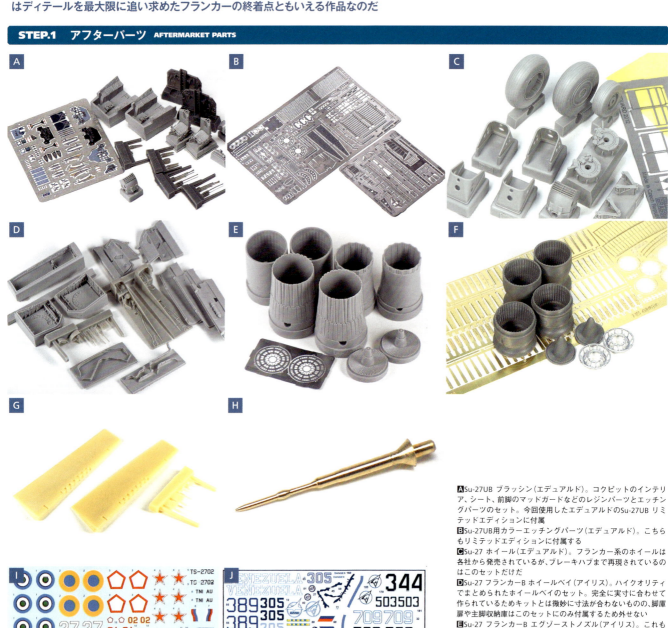

A Su-27UB ブラッシン（エデュアルド）。コクピットのインテリア、シート、前脚のマッドガードなどのレジンパーツとエッチングパーツのセット。今回使用したエデュアルドのSu-27UB リミテッドエディションに付属

B Su-27UB用カラーエッチングパーツ（エデュアルド）。こちらもリミテッドエディションに付属する

C Su-27 ホイール（エデュアルド）。フランカー系のホイールは各社から発売されているが、ブレーキハブまで再現されているのはこのセットだけだ

D Su-27 フランカーB ホイールベイ（アイリス）。ハイクオリティでまとめられたホイールベイのセット。完全に実寸に合わせて作られているためキットとは微妙に寸法が合わないものの、脚庫扉や主脚収納庫はこのセットにのみ付属するため外せない

E Su-27 フランカーB エグゾーストノズル（アイリス）。これも定番だが、ディテール、組みやすさ、価格と三拍子揃ったパーツ。入手しやすいのもポイントが高い

F Su-27 エグゾーストノズル スーパーセット（ノースターモデルズ）。前述のアイリス製の上を行くハイディテールなノズル。内部の奥行きなども完璧で、ここまでの再現度のパーツはほかにない。フランカー用ノズルの最高峰といえる

G Su-27 フランカーB フラッペロンと、Su-27 フランカーB ピトー管（両方ともクイックブースト）。クイックブースト製フラッペロンのヒンジは実機の形状を忠実に再現。L字型のピトー管も先端などは非常にシャープに仕上がっている。このピトー管はレジン製のため強度に不安がありそうだが、実際にはレジン特有の弾力を持っておりエッチングパーツ製の部品よりも破損、紛失の心配は少ない

H Su-27 フランカー用ピトー管（ファインモールド）。定番のアフターパーツ、金属製のピトー管。シャープな造形と破損防止を両立したパーツだ

I エデュアルドのSu-27UB リミテッドエディションに付属するカルトグラフ製デカール。キリル文字のコーションマークが大量に入っているのが嬉しい

J デモエアクラフト オブ Su-27ファミリー（ベゲモト）。1988年の一般公開から2006年くらいまでのほぼすべてのデモンストレーション用Su-27を再現できるデカール。解説を収録した小冊子が付属する

STEP.2　下処理　PRETREATMENT

1　写真の赤い部分はレジンパーツ組み込みのために切除する箇所

2　アイリス製の前脚収納庫を取り付けるためにキットのパーツを切除する。機体下面はノコギリなどが入りにくいので、エングレーバーやPカッターで削り取る

3　主脚のタイヤハウスはタイトなので、機体上面パーツのモールドは平ノミで削りヤスリでフラットにする

4　機体下面パーツの主脚脚庫部分はニッパーで先に切っておく

5　ニッパーで切り取れなかった部分をデザインナイフで切り落とし、整形しておく

STEP.3　レドーム　RADOME

全体のプロポーションには定評のあるアカデミーのSu-27だが、レドーム部分はやや長いと指摘されている箇所だ。ここの短縮はもはやこのキットの定番工作だが、円筒状のものを雑に切断するとまっすぐな断面にならずレドームが曲がってしまうことも。そこで本作では簡単な治具を製作し、まっすぐにレドームを切り落とした

1　アートナイフの刃を厚さ1mmのプラ板に固定し、切りたい長さ（4mm）の高さに積層したプラ板の上に接着する。このとき、刃を台から1.5mmほど出しておく。レドームを固定する台は角棒を組み合わせて作り、刃を合わせるレールも角棒を接着して作っておく

2　レドームと刃を台に乗せ、刃の方を押しつけるようにしながらレドームを刃の方向（この写真では反時計回り）に回転させる

3　何周か回転させるとこのようにゆがまずきれいに切断できる。切り口も水平なので後はスポンジヤスリでケバを取れば完成。真円のものを水平に切るときにはおすすめの方法だ

STEP.4　脚収納庫　WHEEL BAY

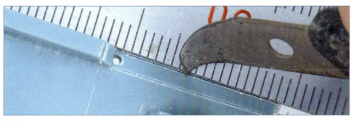 

1　前脚用のアクチュエーターを収納する溝を開口するため、定規とエングレーバーでアタリをつける

2　デザインナイフで切除後にヤスリで断面を整形

3　レジンパーツを組んだところ前後に隙間ができたので、ナイフとペンチで脚庫の前後を切り取る

4　脚庫全体を接着した状態

5　主脚を支える部分に剛性が足りないため、裏側から厚手のプラ板を貼り重ねて補強しておく

6　主脚の脚庫を機体本体に組み付けていく。空いてしまった隙間はプラ板で埋める

STEP.5 コクピット COCKPIT

1 前席コンソール上面。右からキット、中央がエデュアルド社製エッチングパーツ、左がアイリス製単座型用レジンパーツ。今回はアイリス製パーツを使用

2 アイリスのコンソール上面とエデュアルドのカラーエッチングパーツは横幅が合わなかったので、現物合わせで調整し接着

3 後席のコンソール上面はヤスリで削りこんで形を変更し、プラ材で右側の出っ張りを製作、整形する

4 最後にエッチングパーツを貼って完成

5 後席のコンソールもカラーエッチングパーツで製作。コンソールを重ねる箇所は二枚のエッチングパーツの間に0.5mm厚のプラ板を貼って表現

6 足下を縛るバンド、コード類などは事前に接着する

7 サーフェイサーを吹いた後濃いグレーを吹き付け、乾燥後エナメルの茶色でスミ入れしておく

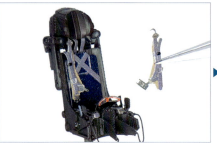

8 塗料の乾燥後、ベルトのエッチングパーツをシートに馴染ませて接着する

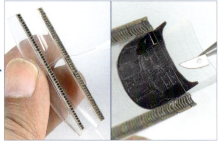

9 キャノピーの縁のロック機構など風防のエッチングパーツを接着

10 キャノピーに厚めのプラ材を貼り、1mmのドリルで穴をあけ支柱の受けにする

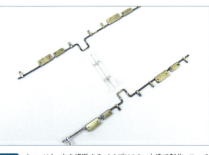

11 キャノピー内を横断するパイプは0.5mm丸棒で製作、エッチングパーツと組み合わせる

12 塗装も考慮してキャノピーの組み立てはここまでで一旦終了

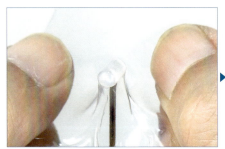

13 IRST内にセンサーを仕込むため、ブリスターパックをあぶりヒートプレスでカバーを作る

14 0.14mmのプラ板を巻いて外側を作る

15 内部のセンサーは丸棒の組み合わせで製作

F L A N K E R M O D E L I N G M A N U A L

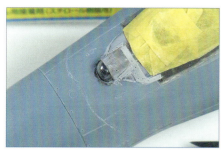

16 IRSTの補強板も0.14mmプラ板を貼って再現した

17 操縦桿はあらかじめ塗り分けエッチングパーツを貼っておき、コクピットに接着

18 HUDは透明プラ板を切り出してGSIクレオスの美透明接着材で固定

19 最後にシートを取り付けて完成した

STEP.6　ランディングギア　LANDING GEAR

1 大きな機体ゆえ、プラ製の前脚では強度的に不安だったので支柱部分はスクラッチビルドしたものに置き換える。適当なプラパイプにL字型に曲げた真ちゅう線を通して軸とし、キットから部品を移植。ついでにライトレンズをクリアにしている

2 タイヤカバーなどこの時点で接着すると塗り分けが難しい箇所は分解し、真ちゅう線を通して取り外せるようにしておく

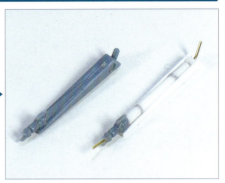

3 前脚引き込み用のアクチュエーターは立体感に欠けるので、ここもプラ棒、プラ板などでディテールアップを施した

4 主脚はアフターパーツを説明書に従って組み付けるだけでなかなかの立体感が出るのでばそのまま使用。ここも事前に太さ1.5mmの真ちゅう線で脚の付け根から下の端までしっかりと補強を入れておく

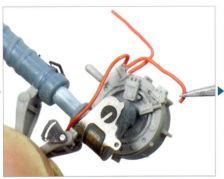

5 ブレーキパイプのパイピングの際はできるだけコシの弱いニクロム線などの金属線を使用すると工作しやすい。また、ほかの部分と同様に実機写真をそのまま再現しようと思うと線の数が増えすぎてかえって見栄えが悪くなるので、ほどほどに間引いて配置するのもポイントだ

6 ほぼパイピングが完成した主脚。主脚付け根の基部がほとんど再現されていないので、プラ材などで追加。前脚にも同じ要領でパイピングを施す

7 完成した前後の着陸脚。脚の軸に金属線を通すことでディテールと強度を両立させることができた

STEP.7　ノズル　NOZZLE

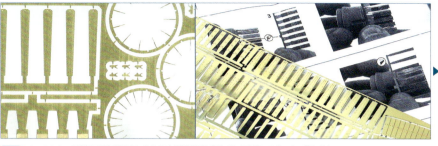

1 ノーススターの排気口は高難易度に見えるが、説明書が充実しており実際にはそこまで難しくない

2 パーツを切り離す。ゲート跡はていねいに処理する

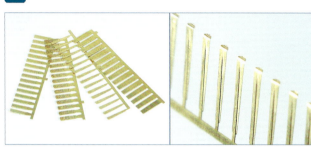

3 各層ごとに数珠つなぎなので真ん中で切らないよう注意。また曲げ加工が必要な箇所もある

4 レジンパーツに巻き付けて固定し、排気ノズルが完成

5 フレームホルダーは細かいパーツが多いので小皿に取り分ける

6 フレームホルダーの三箇所に基部を接着して二枚目を挟み、残りの基部を接着

7 完成した状態

STEP.8　スジ彫り&リベット打ち　CARVING & RIVETING

1 モールドを彫るのにダイモテープ、エッチング製のゲージ、ニードル、エングレーバー、デザインナイフを使用

2 不要なモールドを瞬間接着剤で埋め、ヤスリをかけてフラットにする

3 スジ彫りを入れる箇所にダイモテープを貼り、エングレーバーで彫り進める

4 スジの周辺がめくれてケバ立つのでヤスリで整える

5 リベットはキットにモールドされていない箇所に打つことになるので、事前に下書きし、ゲージを使ってニードルで打ち込む

6 曲面の部分はゲージがずれないようテープで固定する

7 リベットの周囲もケバ立っているので、ヤスリで処理した後歯ブラシで掃除しておく

F L A N K E R　M O D E L I N G　M A N U A L

STEP.9 エアインテイク AIR INTAKE

1 異物侵入防止用のFODスクリーンはキットに付属するスクリーンに市販の真ちゅう製メッシュを組み合わせて再現

2 インテイク内壁はFODスクリーンと幅が合うようプラ板を貼っておく

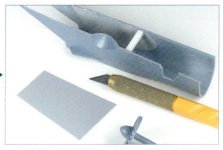

3 インテイクとダクトを滑らかにつなげるため、ダクトが四角から円形に変化する位置に角棒を貼り付ける

4 角棒の下にプラ板を密着するように貼る

5 後ろ側はファンの直径に合わせて丸めて接着、継ぎ目や段差を整える

6 写真の位置にFODロック用の機構と補助インテイクのシャッターを作る

7 補助インテイクのシャッターが入る開口部はヤスリなどで形状を整える

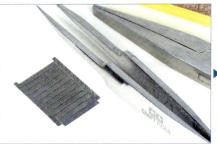

8 補助インテイクの工作にはピンセット、エッチングベンダー、台付きヤスリを用意

9 まずエッチングベンダーでパーツを保持し、ヤスリに押し当ててパーツ側面を90度に曲げる。ヤスリを当て木として使用するのはパーツが滑らないようにするため

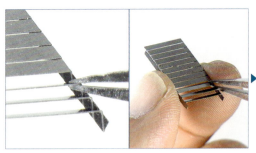

10 シャッターの端をピンセットでつまみ、シャッターを起こす。一気に起こすとパーツが破損するので半分起こしたところで部品を返し裏からもう半分を起こす

11 指定の位置に組み込む。シャッターの開く向きに注意

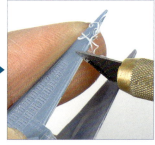

11 インテイクの縁をカンナがけする。シャープにするというよりは角をとって丸くするように注意

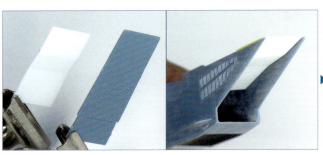

12 ダクト上面のベーンとランプを取り付ける。ベーンの形状が実機と異なるので1mmプラ板で新造した。ランプの面は波打ったようになっているのでそこも再現

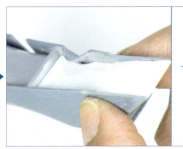

13 インテイクベーンは写真の位置に取り付ける

F L A N K E R　M O D E L I N G　M A N U A L

STEP.10 塗装&仕上げ PAINT & FINISH

1 プラスチック以外の素材も多いため、サーフェイサーにはガイアノーツのマルチプライマーを混ぜて食いつきをよくして使用

2 下地にはモデルカステンの「メカニカル関節カラーセット」のグリッドグレーを吹く

3 ストレーキと前縁スラットの角にGSIクレオスのMr.カラー8番シルバーを塗る

4 基本色にモデルカステンの「フランカーカラーセット」を使用。先に塗ったシルバーを残しつつ3倍に薄めた1をムラを残して吹く

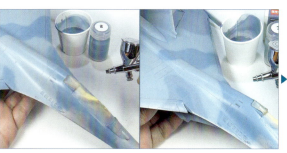

5 次にフランカーカラーの2を吹く。迷彩パターンは単純なのでマスキングは不要。さらに3を吹いて迷彩は終了

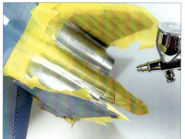

6 エンジンの金属部分はGSIクレオスの8番シルバーを使用

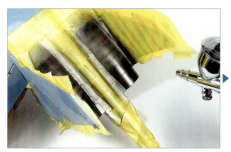

7 ススや焼けはエナメルの黒と茶色を混ぜたものや、相当に薄めたクリアブルーなどで描く

8 完全に乾いてからラッカーのクリアで金属部分をコート

9 ノズルはエンジンナセルと同じ要領で塗装。板の一枚ごとに表情を変える

10 機関砲周辺の金属色は機体や時期により塗り分けが異なるので写真を参考にマスキングの範囲を決定

11 脚庫扉の裏面はガイアカラーのブライトレッドを使用。エアブラシの角度に注意すればマスキングなしでも塗装可能

12 キャノピーは先に機内色を塗り、その上から本体の基本色を吹く

13 タイヤはMr.カラーのタイヤブラックを塗ってマスキングし、デイトナグリーンに黒を混ぜたものでホイールを塗装

14 デカールは大きいものから順に貼る。ベゲモドのデカールは一気にコートすると皺になるので薄めたクリアで十数回に分けて慎重にコートする

15 エナメルの茶色、黒をまだらに塗り、ウォッシング兼スミ入れをする

Sukhoi Su-27UB
FLANKER C
Сухой Су-27(NATO reporting name: Flanker-C)
ACADEMY 1/48 Scale

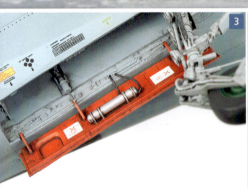

1 補助インテイクのシャッターもエッチングパーツを使用して繊細な見た目を実現している

2 機銃まわりのモールドもキットのパーツから一段ごとに深く彫り込まれており、より立体感が追求された

3 前後の脚柱自体も丸ごとアイリスのパーツに交換されており、繊密な表情を楽しめる

4 フラッペロンはクイックブースト製のレジンキャストパーツを使用し、下がった状態で取り付けられている。フラッペロンの取り付けにあたっては角度をつけた状態で真ちゅう線を打ち込んでおり、完成後の強度にも配慮されている

5 コクピット上部に位置するHUDのスクリーンは透明プラ板を切り抜いて新造。HUD用レンズはウェーブのHアイズミニ3をクリアイエローに塗ってはめ込んだ。

6 機首のIRSTはブリスターパックをヒートプレスで整形したものをカバーとして、内部のセンサーも追加

7 垂直尾翼上部のアンテナ、放電索も追加され、細かい部分ながら見せ場となっている。特に放電索は真ちゅう線に置き換えられており、強度的にも充分なものだ

8 エンジン下面には金属疲労の表現も施され、生々しい質感をプラスした

Sukhoi Su-27
Сухой Су-27(NATO repo

Chapter.5

言葉や文化が異なれば、同じ景色でも見え方は異なるもの
フランカーもまた、我々とは異なる見え方をしているのだろうか
海外モデラーが製作する独創的な異国のフランカーに刮目せよ

AIRFIX 1/72 Scale

スホーイ Su-27P フランカーB
エアフィックス 1/72 インジェクションプラスチックキット
製作／毛 羽飛
AIRFIX 1/72 Sukhoi Su-27P FLANKER B
Injection-plastic kit
Modeled by Yufei Mao

FLANKER B
(ting name: Flanker-B)

Sukhoi Su-27P
FLANKER B
Сухой Су-27(NATO reporting name: Flanker-B)
AIRFIX 1/72 Scale

スホーイ Su-27P フランカーB
エアフィックス 1/72 インジェクションプラスチックキット
製作／毛 羽飛
AIRFIX 1/72 Sukhoi Su-27P FLANKER B
Injection-plastic kit
Modeled by Yufei Mao

作例の機体はソ連防空軍仕様なので、正式には「Su-27P」となる。Su-27の量産型が実戦配備された時、空軍仕様は「Su-27S」、防空軍仕様は「Su-27P」と分類されていたが、両者ともすでにソ連時代から細部までも統一されており、さらにソ連崩壊後に防空軍が空軍に編入された事によりこの区分は意味を失った。しかし、試作型T-10の形式に「T-10S」の名称が引き続き使用されたため、ロシア空軍のアップデート型は「T-10SM」すなわち「Su-27SM」となり、それと区別するため旧型のSu-27に「Su-27S」の名称が再び与えられたとのこと……なんてややこしい！（参考文献：「航空情報」2009年3月号「フランカーファミリー進化の理由」）

FLANKER MODELING MANUAL

73

極限までディテールアップされた
1/72スケール エアフィックス製フランカー
実機への愛情が実らせた"至高の作品"は
いかなるものをも魅了する存在感を放つ

AIRFIX 1/72 Scale Sukhoi Su-27P FLANKER B

　初めてフランカーのキットを買ったのは、17年前の小学5年生の時でした。その時はMiG-29のキットが品切れで、模型屋の店長に正徳福（現在のKITECH）の1/72 フランカーを勧められて早速素組みで完成させたのですが、MiG-29よりひと回り大きくて力強いフォルムにほれぼれとしました。「猫背」になった側面と下向きに垂れる機首の絶妙な曲線美に魅了され、正に「鶴」だ。なんという美学的なセンスだろう！やはり、ダッソーの言うとおり「美しい飛行機こそ、よく飛ぶ」のだなあ、と感動したのがフランカーとの出会いでした。
　それから時が経ち、'06年の中国・珠海エアショーで実機のフランカーと出会いました。その時は、ロシアのアクロバットチーム「ロシアンナイツ」が参加していて、その凄まじいアクロバット・ショーと耳を破られそうな実機の爆音に強い衝撃を受けたことで、全力で1/72のフランカーを作ってみようと思いたったのです。

　さて、本作を製作した当時の選択肢は、このエアフィックスのキットを含めていくつかあったのですが、フランカー・マスターと呼ばれるロシア機専門家である友人、イギリスのケン・ダフィー氏からやはり'92年前後（フランカーが航空ショーで初公開後）に発売されたエアフィックスのキットが全体的ラインが一番本物に似ているとアドバイスされたので、このエアフィックスの製品をベースにリサーチ・製作を始めました。
　ただ、このキットにも少々問題はあります。全体のディテールが正確なわりに少々甘く、ノズル／風防／キャノピー／インテイクの形にも改良の必要がありました。また、見た所コクピットも小さめでした。よって、工作の重点は、クリアパーツのヒートプレスによる自作、主脚等の小物およびインテイクの前半部分のハセガワ製キットからの移植、全面リベット打ち直しとパネルラインの掘り直しを行ないました。詳しい作業手順は、製作途中の画像をご覧いただけると幸いです。
（文／毛 羽飛）

AIRFIX 1/72 Sukhoi Su-27P FLANKER B
Injection-plastic kit
Modeled by Yufei Mao

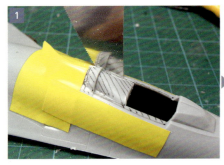
▲コクピットが小さ過ぎるのは後部の奥行きが足りないからと判断。ノコギリで開口する

▲計器盤のカバー部分はAiresの1/32レジンパーツを参考にしてディテールアップ。貼られている帆布はマスキングテープで表現

▲コクピット内部の基本色はGSIクレオス117番。計器盤はExtratechのエッチングパーツ+フィルム、射出座席はNeOmegaのレジンパーツ

▲風防に乗せるIRSTは2.5mmプラ棒で自作。透明部分はハセガワの同パーツから切り出し、削った後磨き上げる。中の部品は2mmの鋼玉+プラシートでそれらしく作成

▲資料に基づいて正確な形の風防／キャノピーのマスターを削り出しヒートプレスで自作。なお、風防は薄い橙色なのでGSIクレオス110番と49番を3:1の比率で調色し、極薄に吹き付ける

▲機首をそのまま取り付けると上向き過ぎるので、0.3mmプラ板を挟んで接着。図面だけを頼りにせず実機写真もじっくり観察して、納得のいく機首外形ができた。なお、ピトー管は自家製の挽き物

▲このエアフィックスのキットは古い製品のため、湯がまわり切っていない部分も随所にあり、プラ板で修正した

▲前縁スラットも工作する。なお、駐機状態のフランカーはフラップおよびスラットが共にダウン状態になるが、完全再現は見送りにした

▲駐機中は水平尾翼もまたダウン状態になる。これこそ見送るわけにはいかず、プラ板で伸縮部分の伸びる箇所を追加した

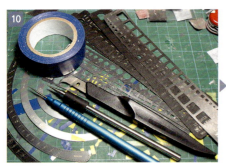
▲使用道具一覧。厚めのプラテープは実に使い勝手が良く、お勧めである。ハセガワの針状のスクライバーは、パネルラインの彫り直し作業では太過ぎるため、リベッティング工具として利用した

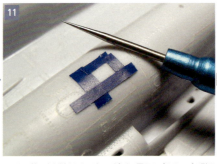
▲ロシア機は変な形をしたパネルが多く、厚めのプラテープで彫り直しの「形取りパネル」を作った。彫り直し作業については、直線部分はハセガワの黒エングレーバー、曲線部分は彫り針を使用した

▲彫り直しおよびリベッティング後の主翼部分。少々見えずらいかもしれないが、ほぼ全面的にパネルラインを彫り直したのが、お分かりになるだろうか

▲尾翼にある補助インテイクはピンバイスで開口後にナイフで整形、プラ板を挟んでシャープに仕上げる

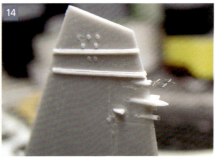
▲垂直尾翼のライトは透明プラ棒から磨き出し、IFFアンテナはエデュアルドのエッチングパーツ

▲キャノピー後方の膨らみや補助インテイクなどは、ハセガワのキットから流用。機関砲の砲口はシャーペンの金属筆先を利用

F L A N K E R   M O D E L I N G   M A N U A L

▲機首側面のパネルなども全部彫り直した。後で収縮せず強度も保てるため、パテの代わりに瞬間接着剤を使用

▲尾部のドラッグシュートのカバー開閉機構もプラ板や真ちゅう線で自作。なお、テイルブーム先端の強度を保つため、金属針を埋めた上で瞬間接着剤をパテ代わりにして整形する

▲インテイク側面の放熱パネルは驚くほど正確だが形状に問題があるため、ハセガワのパーツを移植

▲機体の特色であるインテイク内の異物吸入防止網。エデュアルドのエッチングパーツから格子状のパーツを流用し、裏にはエッチングのネットを切り出して貼り付けて再現した

▲インテイクを移植する。段差や隙間を気にせず、豪快にプラ板を貼って隙間を埋めた

▲磨き後に、きれいに整形。インテイク側面のアンテナのパネルは突起しているのでプラ板を貼ること

▲異物吸入防止網を降りた状態にしたため、インテイク下部のブラインド式の補助吸入口を「開」の状態にする。ただし、エッチング部品を直接貼ると隙間がとても目立つので、極薄プラ板を挟んで処理した

▲パーツの成形完了。隙間から網が見えて実機同様の構造が再現できて満足

▲正面から見れば、インテイク側面の両アンテナプレートは水平状態にあるのでお間違えなく

▲前脚は、キットからは車輪フォークのみを使用し、その他の部分はハセガワの高精度パーツを参考に自作した。ロシア機の一大特徴である泥除けは、ヒートプレスで半円型を作り側面にプラ板を貼る。なお、前脚のランディングライトは、電車模型用のM.V.Productsの透明レンズを使用、効果絶大だ

▲主脚は強度と精度を考えて、ハセガワのキットに付属のホワイトメタル製脚パーツを流用した。車輪はロシアのEquipage製ゴムタイヤ（ホールはレジン製）。煩わしい配線も真ちゅう線で追加

▲塗装・ウェザリング完了。ランディングギアの色も、GSIクレオスの117番を使用。エナメル塗装で汚した後、タミヤウェザリングマスターのスノーで軽くドライブラシ

▲主脚収納庫はエデュアルドのエッチングパーツと細い線は真ちゅう線、太い線は普通の電線を使ってディテールアップ。Airesの1/32レジンパーツが一番参考になる

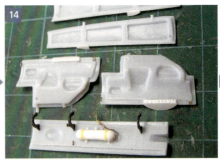
▲脚カバーにもリベットを打つ。細かなパーツは、やはりハセガワの出番だ

▲ノズルはアイリスのレジンパーツ(カタログ番号7207)を使用。イタレリのキット用だが直径が同じなので流用可能だ

▲内部の燃焼リングは、アイリスのエッチングパーツとExtratech(銅色の部分)との混用

▲ロシア機のノズルは微妙な色をしており、もはや筆塗りでしか再現できない。特に青から赤っぽい色への変化の再現はクリアブルーとクリアオレンジーを筆塗りした上でタミヤのウェザーリングマスターDセットを兼用するともっとも自然に見える

▲パイロンは全部で5種類。一個自作して、レジンキャストでコピーする

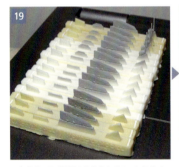
▲ミサイルもプラ棒から自作してフィンにリベットを加え、レジンキャストでコピーした

▲組み上げる前のミサイル。R-27ミサイルのフィンは無塗装のステンレスであり、その色調はGSIクレオスのSM03スーパーアイアンがピッタリだ。実は、ロシアのBegemotというメーカーからフランカーのステンシルデカールが発売されている。印刷とデカールの質がいまいちかもしれないが、説明書に武器の塗装指示が非常に詳しく書いてあるので、資料として買っても全然損はないぞ

▲効率的に塗装するため、パーツはできるだけ組み立てておく

▲リベットやパネルラインが繊細なためサーフェイサーは吹かず、代わりにGSIクレオスの8番シルバーを直接吹いた

▲マスキングの都合上、まずは金属部分を塗装。エンジンナセルの金属がむき出しの部分はGSIクレオスのSM03をメインに使用。乾燥後、高温による「青返り」を再現するため実機写真を参考に筆塗りでクリアブルーを線描き。さらに材質の違うパネルの明度を上げるためにSM03に若干シルバーを混ぜて塗装する

▲ロシアのフランカー定番の淡青灰色塗装は、全体的なバランスを考えて、まずはGSIクレオス14番をシャドー色に利用

▲上面の迷彩塗装に入る。第一色のライトブルイッシュグレー(以下「色A」)はGSIクレオスのC323：C73：GX1を3：2：8の比率で調色して使用

▲第二色ミディアムグレイは色A：C14：C73：GX1を4：1：3：5で、続いて第三色ダークブルー(以下、色B)は色A：C72：GX1を4：3：5で調色して使用。この機体は機首と垂直尾翼の番号を塗り替えたため、その色を色B：C72：GX1を3：3：5で調色して吹く。それぞれの色の要素を混ぜ合わせることによって色のバランスの統一感を図りたかった。なお、全部塗装後、色Aを極薄で全面オーバーコートして、極寒環境で露天駐機した激しい褪色感を演出

▲機関銃の金属部はGSIクレオスのSM06、防熱板はSM04を使用

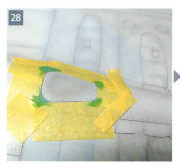

▲全体的に平滑な表面を再現するため、機体各部のパネルもなるべくマスキングしてエアブラシ塗装

▲1Linden Hillの「フランカー ステンシルデカール」を使用。品質は文句なかったが説明書が曖昧だったので、「Flanker DVD」の各部写真を参考にして一枚一枚根気よく貼り付ける。最後に、GSIクレオスのフラット：セミグロスを3：1で混色してコーティングし、タミヤのエナメル塗料で淡灰色を調色して全体をウォッシュした

▲APA-5Dエンジン起動トラック。ICM 1/72キットを改造した

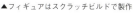

▲フィギュアはスクラッチビルドで製作

▲トゥパーも自作。使用材料は主にプラ棒、強度を増やしたい箇所に真ちゅう線。ケーブルは、極細のステンレスもの（偶然に金具商店で入手したものを使用）

フィギュア製作の参考資料は、ネットの画像と自分のコレクション（ヘルメットやフライトスーツなど）。80年代以降のロシア パイロットは基本的に作例のZSh-7シリーズのヘルメットとKM-34/35の酸素マスクを使っている。また、参考にしたDVDにトゥパーの写真も入っているので自作した。正確な寸法が分からないが、写真で実機とのサイズ比べで雰囲気重視

APA-5D起動トラック。ICM 1/72 Ural-4320トラックをベースにArmoryのレジンとエッチングパーツによるキットを使って改造。エッチングパーツの製作は少し難易度が高いが、完成すると応え充分。他に同じくArmoryからのUral-365/4320向けのレジンタイヤも使用。なおスタートアームに乗せるケーブルは使い勝手のよい縫製用の綿線

FLANKER MODELING MANUAL

Sukhoi P-42 RE
Сухой П-42 рек

Chapter.6

無駄なものを一切省いたワンオフ機ならではの
ストイックな雰囲気を
ハセガワ 1/72 スケールをもとに再現する

Modifide from HASEGAWA 1/72 Scale

スホーイ P-42 レコードフランカー
ハセガワ 1/72 インジェクションプラスチックキット改造
製作／橋本寿一
Sukhoi P-42 RECORD FLANKER
Modifide from HASEGAWA 1/72 Su-27 Injection-plastic kit
Modeled by Jyuichi Hashimoto

CORD FLANKER
рдный самолет.

実験機・記録機好きとしてははずせないアイテムのひとつであることには間違いはないのですが、そのあまりにアレな外観ゆえ、ちょっとご遠慮させていただいたアイテムのひとつだったんです。が、ついにこの時がきてしまいました。かくなる上はひとつ気を引き締めて、立ち向かおうではありませんか。

　量産型のSu-27から実戦用装備を取り去り、表面をスムージングしたのがこのP-42なのですが、継ぎ目やリベットに目止めを施し研磨して均したテクスチャが実に独特のイメージを醸し出しています。改修の工作も大切ですが、それ以上にこの質感をいかに再現するかが、工作以上に重要なポイントになりそうです。

　使用するキットは、入手のしやすさと総合的なクオリティからハセガワのキットをチョイス。とはいえ発売からだいぶ年月が経っているので、古さは否めず、それも経年的な古さというよりも、当時開発された方々の「迷い」が感じられる「曖昧さ」、そんなキットですが、それはともかく、大きな改修部分は尾部で、テールブームを撤去しスムージング、後端には可動式のビーバーテイルを設定します。下面は左右のエンジンポッドのおかげで深い谷間のようになっていて作業がしずらいですが、時間をかけてじっくり工作しましょう。

　第一キャノピーはIRSTセンサーが中空で一体になっているため、P-42の改造には使えない……というのが「定説」になっていますが、本当にそうだろうかと削ったところ、確かにセンサーがあった部分が穴になってしまいます……が、穴になった分を削り落とすと、不足する透明部分の長さはせいぜい1㎜に満たない程度。直前の金属部分(プラ板の積層から削り出し)とコクピット後部に、不足した長さを転嫁してしまう、という方式でめでたくキットのパーツを生かせました。光の角度によってはその部分の厚みが異なることがばれてしまいますが、他社のキットをつぶして持ってくる負担や塩ビで絞り出す労力を考えれば、これはこれでアリでは？と思います。

　塗装はベアメタルと、それにクリアな黄色系が上塗りされた「金色」がベースですが、そうかといって生色を塗ると、チャカチャカした仕上がりになってしまうことが想像されたので、今回はメタリック感を抑え、よりソリッドな色調に振ることで、「模型としてのまとまり感」を優先しています。

　銀にイエロー系を混ぜると緑っぽくなってしまうため、その緑っぽさを補色のクリアオレンジで相殺、さらに隠し味としてダークイエローを加えてソリッド感を出しています。磨いていない真ちゅう、といったイメージ。実際クローズアップの写真をみると、真ちゅうっぽい重さのある色調のようです。銀の上にクリアの黄色系を上掛けするというのも、実機の理に適っていてアリだなとは思うのですが、その方法だと塗装の過程でトラブルが生じた際に復元するのが難しくなります。

　目止めの表現は、鉛筆(B4などのやわらかいもの)を併用して再現しました。詳しくは製作過程の写真を参照いただくとして、こういう風に表面を激しくいじる際には、基本の塗装が済んだ段階で、クリアできっちりと塗装面を覆ってやること。表面を整えるつもりが下の塗装まで剥がしてしまった、なんていうトラブルを防止できます。

　マーキングは機首の「П-42」と尾翼のソ連国旗のみというシンプルさ。Begemot社製デカール「フランカー Part2」にこのデカールが収録されていますが、たった4枚の小さなデカールのために1600円超を出費するのは貧乏モデラーにはとーってもキツイ話で。またオンラインのカタログを見る限り、国旗の縦横比や書体が微妙に納得いかなかったので、Alpsプリンターで自作と相成りました。

　なんだか薄汚ねえなあ、という印象が強かった本機ですが、仕上げてみればワンオフ機ならではのストイックさとワイルド感。薄汚ねえなんていってごめんなさい。フランカーファン、ロシア機ファンなら、一度じっくりと手がけるに値するアイテムかもしれません。　　　　　　　　　　　（文／橋本寿一）

Sukhoi P-42 RECORD FLANKER
Сухой П-42 рекордный самолет
Modifide from HASEGAWA 1/72 Scale

WORLD TIME-TO-CLIMB RECORD BREAKER

スホーイ P-42 レコードフランカー
ハセガワ 1/72 インジェクションプラスチックキット改造
製作／橋本寿一
Sukhoi P-42 RECORD FLANKER
Modifide from HASEGAWA 1/72 Su-27 Injection-plastic kit
Modeled by Jyuichi Hashimoto

Sukhoi P-42
RECORD FLANKER

Сухой П-42 рекордный самолет.

Modifide from HASEGAWA 1/72 Scale

限界へ上昇するソビエト航空技術の神髄
完全規格外のレコードブレーカー

Su-27がそのライバルとしたF-15の記録樹立機ストリーク・イーグルに対抗するため、機体各部に徹底的な軽量化を図った記録専用機が本型だ。改造にはT10の試作15号機（T10-15）が充てられ、まず推力増大を図ってエンジンをR-32Uに換装し、加えてレーダーFCSや23mm機関砲、必要最小限を残した無線・航法機材の撤去、ベントラルフィンと胴体尾端フェアリング、IRST、垂直尾翼上端部、主翼端、車輪泥除けの取り外し、エアブレーキと前縁フラップ、後縁フラペロンの作動機構の取り外し、さらにはインテイク上下の補助空気取り入れロドアの固定などその変更は多岐に渡り、レドームはアルミ合金製のものに換装され、塗装はすべて剥がされて凄みのある表情となった。

P-42による記録飛行への挑戦は1998年秋より開始され、10月27日に、後にコブラ機動で一躍有名になるビクトール.G.プガチョフにより高度3000mへの到達時間25.4秒を記録したのを皮切りに、1993年5月20日の高度1万5000mへの到達時間2分6秒まで、都合4名のパイロットにより合わせて4つのカテゴリーで26の世界記録を樹立した。

P42は1980年代の技術で製作された機体ではあるがまだ複合材の使用は限定されており、濃淡はあるものの機体は全面ほぼ無塗装銀で、リベットに沿って塗布された抵抗減少措置と思われる色違いの部分が凄みを感じさせる。機首に記されたP-42の文字は白縁付の赤で、この数字42はスターリングラード戦の勝利に因むものといわれている。（文／後藤 仁）

1 ◀尾部のテールブームをパネルごと切抜き、裏からベロをつけておく。切り抜いた部分にぴったりはまるようにプラ板をカットするのは結構ホネだが、後々の作業が格段に楽になるので、時間をかけてじっくり取り組みたい。コクピット後方から伸びるスパインの溶け込み部分は、先ほど切り抜いたテールブームを利用している

2 ▲ビーバーテイル部分は別パーツにした方が作業性がよい

3 ▲インテイク下部の補助インテイクは、ルーバー状のぎざぎざのパーツで開いた状態が再現されているが、ここはそもそも内部の負圧に応じて開く構造なので、パーツを裏返しに接着し、スジ彫りを施した

4 ▲ワイヤーフックの位置はだいたいこのあたりではと推測される。基部をプラ板で作り、フックは後ほど真ちゅう線を丸めて再現した

5 ▲キャノピー前端は、IRSTセンサーと共に切り飛ばしたので、プラ板で作成。詰まってしまった透明部分と長さを調整してサイズを決める

6 ▲前方と同様に、後端部分でもサイズを調整

7 ▲写真の位置で、垂直尾翼のトップをカット。前後にやや丸みをもたせる

8 ▲キットに鉛筆でマーキングのアウトラインを描画。透明の粘着テープで写し取りPCでスキャニング、デカール版の下描きにする

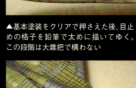
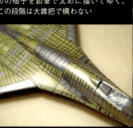

9 ▲プリンタで出力したデカール。白縁のレタリングはズレを防ぐため白と赤を別版で出力し、重ね貼りをした

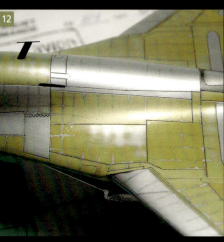

10 ▲全体に銀を塗装した後マスキングをし、真ちゅう色を塗る。パネル類もマスキングゾルを使ってマスキングする

11 ▲基本塗装をクリアで押さえた後、目止めの格子を鉛筆で太めに描いてゆく。この段階は大雑把で構わない

▲鉛筆線の上に、銀で目止めを描いてゆく。太さやヨレなど変化をつけて描いた後、3Mのスポンジ研磨材「ウルトラファイン」(ウラが青/グレー)で研磨すると、銀の周辺に鉛筆で描いた線が残るという仕掛け。写真の右に見えるレドームはすでに研磨を終えている

12 ▲真ちゅう色の上から更に銀を格子状に吹き、スポンジでこすって馴染ませると、いかにも研磨されてかすれたような表情が再現できる

13 ▲プリンタデカールはご覧の通り、どうしてもドットやジャギーが目立つ。仕上げに上から薄く溶いた赤を塗ってやると、かなり目立たなくなる

14 ▼銀をベースに、黒ベースのダークシルバーで全体の調子を整えた後、暗い部分を基点にクリアオレンジ、クリアブルーの順でボケ足を重ねて、メタルの焼けた虹色のイメージを加える。パネルによって青みが強い部分があるので、マスキングして重ね塗りするとさらにリアルだ

88

【P-42の改修点】

- A：ピトー管は生産型とは異なる、シンプルで短いもの（真ちゅう線・パイプで新造）
- B：レドームは新たにメタルで新造された（パネルやスジ彫りを加える）
- C：IRSTセンサーを撤去（センサーを削り飛ばし、内側からクリアイエローを塗る）
- D：コクピット内の計器類は必要最小限に絞られている
  （付属のデカールを元に不要計器を切り飛ばす）
- E：右側センサーは左とはやや異なる（キットのパーツを元にセンサー部分を作りかえ）
- F：バルカン砲撤去（銃口を埋め、パネルにスジ彫り追加）
- G：T型アンテナを新設（プラ材と真ちゅう線で新造）
- H：四角いパネルラインを台形に掘り直し（生産型と共通事項）
- I：フラッペロンは固定されている（ヒンジのモールドを埋めると共にスジ彫りも弱めに）
- J：スパインが溶け込む（プラ板パーツで置き換え・スムージング）
- K：テールブームを廃止、ビーバーテイルを追加（プラ板パーツで置き換え）
- L：尾翼頂部を切り飛ばして短縮
- M：下面のテールフィンを撤去（ガイドの凸彫りを削る）
- N：側面の境界層吸い出し多孔板、側方警戒レーダーセンサー？ は廃止
  （エッチングパーツ不使用）
- O：インテイク廃止（埋める）
- P：マッドガード、着陸灯廃止（キットの前輪はマッドガードと一体なので削り飛ばし、F-104の主車輪2個の裏側を残して厚さを半分に削り、張り合わせて使用した）
- Q：機体下面中央にワイヤフック新設（プラ板＆真ちゅう線で新造）
- R：インテイク内のFOD防止フェンスを廃止

Sukhoi P-42 RECORD FLANKER
Сухой П-42 рекордный самолет.
Modifide from HASEGAWA 1/72 Scale

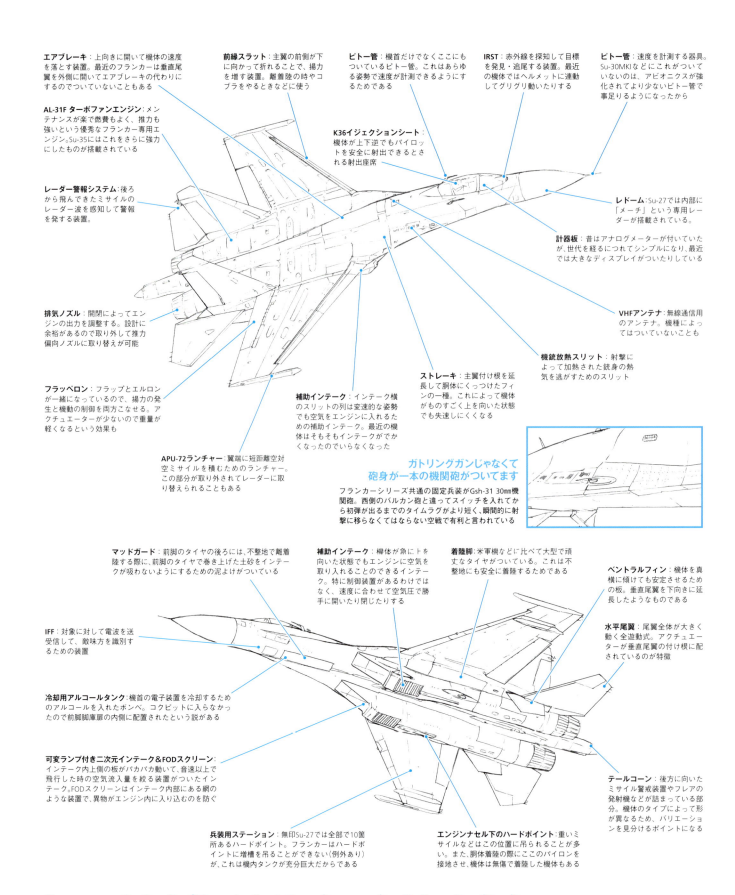

知ってるようで実はイマイチわからない
フランカーがこんな機体だって、ご存知でした?

国内向け、輸出型を含めて幾多のバリエーションが開発され、名実ともにロシアを代表する機体となったフランカー
でも、この機体がどういうものか案外よく分からないところも多いのでは?
ということで、ここではフランカーにまつわる基礎知識をご紹介

イラスト/岡 正信　Illustrated by Masanobu Oka

F L A N K E R　M O D E L I N G　M A N U A L

90

なにかと便利なマルチロール機 Su-34には下から乗ります

戦闘爆撃型として近年配備が進みつつある(と言われている)Su-34。搭乗員は横並びに座り、機内には長距離侵攻に備えた電子レンジもあると噂された(実際にはなくて保温用のボトルが置いてある程度だとか)という変わった機体だが、その乗り込み方も独特。前脚格納庫から伸びるハシゴによって機内に乗り込むという変則的な形がとられているのだ。ちなみに乗り込むのは下からだが、緊急脱出時には普通にキャノピーが爆破されて上に座席が射出されるとか

艦載型のSu-33は、主翼も水平尾翼もたためるのだ

狭い空母甲板で取り回す艦載戦闘機らしく、主翼を上に折りたためるSu-33。他国の艦載機よりも独特なのが、ヒンジ部分がむきだしで外に出ている点である。強度的にはやはり普通のフランカーよりも劣るものの、折りたたみ機構がついているにも関わらずコブラ(機体下面を進行方向に向けることになるので主翼にめちゃくちゃ荷重がかかる)もこなせるとのことで、やはりSu-33もフランカーなのであった

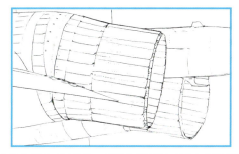

Su-35の推力偏向ノズルは、"斜めに下がる"ことに秘密がある

Su-35の推力偏向ノズルは単純に上下に動くのではなく、上を向いた時に外に開き、下を向いた時に内向きになるよう斜めに角度が付けられている。これによって、単純な上下の推力だけではなく横向きや斜め向きの推力を得ることも可能となっているのだ。ちなみにパワーが切られている時には自動的にエンジンは下を向くようになっているので、ふたつとも斜めに内向きになる

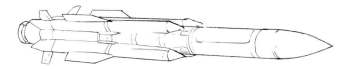

ソ連名物、巨大な対艦ミサイルだって搭載できるのです

ソ連の航空機用兵器として名高い巨大な対艦ミサイル。イラストのKh-31もロケットで飛翔した後ラムジェットエンジンに切り替えて長大な距離を飛ぶ大型対艦ミサイルだ。フランカーの任務は防空から対地攻撃まで多岐に渡るため、こういった兵器も運用できる。ただ、初期のSu-27や防空型では精密誘導兵器の運用能力がないので、対地攻撃兵器が無誘導のロケット弾や爆弾に限られる場合もある

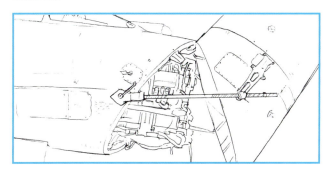

上に持ちあがるレドームの分割線と塗り分け線は全然別!

誤解されがちなのがレドームの分割位置。機首の色が違う部分ではなく、そのちょっと後ろのあたりがイラストのように斜めに開くのである。模型でも機首のこの分割線のまわりに丸いモールドが見られるが、このモールドはイラストでも取り付けられているレドームを人力で開くジャッキを取り付ける位置。このジャッキはハンドルをグルグル回すことで人力でレドームを持ち上げる器具なのである

AIR TO SURFACE MISSILE

Kh-25
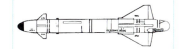

ズヴェズダ設計局の空対地ミサイルで、パッシブレーザー誘導のKh-25Lが最初に登場し、その後パッシブレーダー誘導方式のKh-25MPなどが生産された。NATO呼称はAS10カレン

Kh-29T
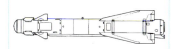

強固な目標への攻撃用にヴィンパル設計局が開発したミサイルで、構造はR-60空対空ミサイルのものを基にしている。射程は通常型で12km、射程延伸型で30km。NATO呼称はAS-14ケッジ

Kh-31
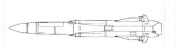

多目的超音速空対地ミサイルとしてズヴェズダ設計局が開発した。推進方式にラムジェットを採用し、弾体の周囲に4本の細長い突出式インテイクを備えている。NATO呼称はAS-17クリプトン

Kh-59M

ラドガ設計局が開発した空中発射型巡航ミサイル。初期推進力を得るロケットモーターに加えて、弾体後部下面に巡航用のターボファン・エンジンのポッドを装着している。NATO呼称はAS-18カズー

BOMBS AND ROCKETS

B-13L

ソ連空軍時代から用いられている口径122mmのフィン安定式ロケット弾S-13シリーズを5発収容するロケット弾ポッド。Su-27はNo.3およびNo.8パイロンにそれぞれ2基を搭載するのが一般的だ

KAB-500L
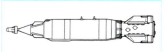

アメリカのGBUスマート爆弾に呼応して開発された精密誘導爆弾で、炸薬重量は500kg。KABは精密誘導弾の頭文字。パッシブレーザー誘導なので、地上もしくは空中からのレーザー照射が必要

KAB-500kr
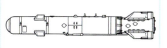

KAB-500Lの誘導方式をTV式にしたもので、併せて対艦甲用弾頭に改め地下10mで1.5m厚以上の貫通能力がある。操縦はコクピット内のモニターを見ながら、尾部フィンの作動で行なう

SAB250
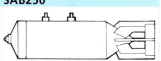

SABとは投棄式爆弾カセットの頭文字であり、西側のクラスター爆弾と同じ。弾体内には目標に応じて異なる小爆弾を250kg収容しており、設定された高度に達すると弾体が開いて小爆弾を散布する

AIR TO AIR MISSILE

R-27シリーズ
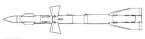

中距離および格闘戦用ミサイル。誘導方式はセミアクティブ・レーダー(SARH)と赤外線のものが存在する。ルックダウン、シュートダウン能力を備え、射程はSARH型のR-27Rで200m~80km、赤外線型のR-27Tで200m~30km。それぞれ射程延伸型のR-27ERとETが存在し、海軍型のR-27EMやアクティブレーダー誘導のR-27AEもある。NATO呼称はAA-10アラモ

R-73

現在ロシア空軍の短距離空対空ミサイルの主力。赤外線誘導方式で、左右60度の有効射角を備える。NATO呼称はAA-11アーチャー

フランカーの武装ステーション

▼フランカーの武装ステーションの配置。9、10など、インテークの下にもステーションが配置されているのが特徴的である。5、6、7、8のステーションにはR-73、R-27の空対空ミサイルが装備され、機体中央に近づくに従って対艦ミサイルや爆撃弾など大型の武装を搭載可能になる。Kh-59は3、4にのみ搭載可能。なお、11、12のステーションはSU-35、SU-37、SU-30MK、SU-33に見られるもので、ベースとなったSU-27には存在しない

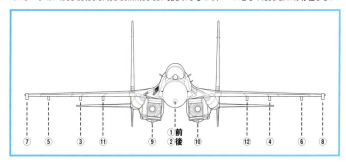

ハセガワ

現在最も入手しやすいフランカーで間違いないだろう。国内メーカーであるハセガワから発売されているフランカーは3機種。1990年に発売されたSu-27、2011に発売されたSu-33D、2014年に発売されたSu-35Sだ。Su-27の発売から21年後に発売された、緑の成型色で発売された（ロシア軍版もすぐに発売されたが、最初に発売されたのは『アイドルマスター』仕様だった）Su-33Dは、高いパーツ精度を誇りながらも、ケレン味あふれるフランカーのプロポーションをよく再現した最高の製品に仕上がっていた。さらに3年後には、カナードがない最新鋭のSu-35Sが発売。品質、組み立てやすさ、価格、どれをとっても世界でいちばんオススメしたいキットとなっている

1 Su-27 (1/72)
2 Su-27 テストパイロッツ (1/72)
3 Su-27 シャークティース (1/72)
4 Su-27 ニューロシアンナイツ (1/72)
5 Su-27 ワールドフランカー (1/72)
6 Su-33/D (1/72)
7 Su-27 ヨーロッパ戦勝記念塗装 (1/72)
8 J-15 フライングシャーク (1/72)
9 J-11 中国空軍 (1/72)
10 Su-30KI (1/72)
11 Su-35S (1/72)
12 J-15 中国海軍 (1/72)
13 J-15 中国海軍2017S (1/72)
14 Su-35 プロトタイプ (1/72)
15 Su-35S セルジュコフカラースキーム (1/72)

品質と組みやすさは折り紙付き、Su-33とSu-35の発売でその体制はさらに盤石な物に

トランペッター

唯一1/32を展開していたメーカーだったが、ここ5、6年で1/72のラインナップを急激に拡大しており、その勢いは衰えるようすがない。自国に配備されているJ-11やJ-15なども、もちろんカバーしており隙きはない。2011年ごろから年に5機前後のペースで次々とラインナップが増加しているが、粗製乱造ということはまったくなく、製品の出来はかなり良い。今後の出方にも期待したいメーカーのひとつだ

1 Su-27UB (1/72)
2 J-15 (1/72)
3 Su-33UB (1/72)
4 J-15/航空母艦フライトデッキ (1/72)
5 Su-30MKK (1/72)
6 Su-34フルバック (1/72)
7 Su-33 (1/72)
8 J-11B (1/72)
9 Su-33/航空母艦フライトデッキ (1/72)
10 Su-27B (1/72)
11 Su-27初期型 (1/72)

いまもっとも勢いと品質の向上が見られる注目株

だってズベズダでしょ？ は、いまは昔 新生ズベズダのキットは最高レベルのキットを連発中

ズベズダ

箱を開けると出てくるのは、ナコトネ製のキットばかり……（Su-32FNはイタレリ製）。昔のズベズダ製フランカーは、がっかりフランカーの代名詞だった。しかし、2014年に突如として、新規設計のSu-27SMを発売。内容は1/72でも最高クラスの素晴らしい出来で、ズベズダ製フランカーの評価は180度変わった。実機を製造している国のメーカーが作っているという点では、最も純粋なフランカーキットと言えるかもしれない

1 Su-27SM (1/72)
2 Su-33 (1/72)
3 Su-30 (1/72)
4 Su-30KH (1/72)
5 Su-27
6 ロシアンナイツ (1/72)
7 Su-30KN (1/72)
8 Su-33 (1/72)
9 Su-37 (1/72)
10 Su-33D (1/72)
11 Su-35 (1/72)

ホビーボス

ホビーボスは2016年に発売されたJ-11Bを皮切りに、1/48の製品化を続けている。ラインナップはSu-27系列が主軸で、並列複座のSu-34も発売されている。1/48のなかでは比較的コクピットが作りやすいので、1/48に挑戦する際はオススメキットだ

1 Su-34フルバック (1/48)
2 Su-27B (1/48)
3 Su-30MKK/G (1/48)
4 Su-27初期型 (1/48)
5 J-11B (1/48)
6 J-16 (1/48)
7 Su-27UB/C (1/48)

手軽に組み立てられるボリューミーな1/48フランカー

グレートウォールホビー

1/48のフランカーとしては最上級との呼び声が高いスーパーキット。抜群のプロポーション、パネルラインの再現度、同社がMiG-29などで打ち出したミサイルの一発抜き（本体とすべてのフィンが一体成型）など、フランカーファンならずとも、プラモデルとしての出来だけで購入を検討してもいいアイテム

■ Su-35S (1/48)

キネティック

1 Su-33 (1/48)
2 J-15 (1/48)

1/48で多くの現用機を手がけるキネティックが、そのノウハウをフランカーに落とし込んでいる。主翼の断面にモールドが施されているため、テールブームと同様に折りたたんだ状態を再現することができる。実機ではレドームを上方に跳ね上げて機首レーダーのメンテナンスを行なうのだが、その分割ラインで機首とレドームを別パーツにしている。腕に自信がある場合は、機首内部の補機類を再現するのもおもしろいだろう

キティホーク

1 Su-35E (1/48)
2 Su-35E (1/48)
3 Su-34フルバック (1/48)

いつもアイテムチョイスが秀逸なキティホークからはSu-34とSu-35が製品化されている。ケレン味たっぷりで、ひと目でキティホーク製とわかる個性的なモールドは、力強いイメージのフランカーとよくマッチしているのではないだろうか。両機種ともレドーム内部のレーダー板を、Su-34ではエンジンまでが再現されている。また、付属する兵装の数が圧倒的でSu-35は12種類、Su-34は21種類ものミサイルや爆弾などが付属する

ここ数年のフランカーキットの発売ラッシュは、まさにフランカーの春が来たと言っても過言ではないほどの勢いだ。ここでは主要な各社フランカーキットを集めてみたのでその変遷をご覧頂くとともに、いかに近年の新規フランカーキットの発売が多かったかを感じていただければ幸いである

ALL ABOUT KIT

ドイツレベル

1. Su-34/32(1/72)
2. Su-27 SM(1/72)
3. Su-33D(1/72)
4. Su-27B(1/72)

中身はハセガワとイタレリ、ズベズダからのOEM、デカールのみオリジナル。そのデカールは、兵装や機体にあるコーションがしっかり再現されているのでそれだけでも価値が高い。Su-34、SMはイタレリ、Su-33Dはズベズダ、Su-27Bはハセガワとなっている

1. Su-27(1/72)
2. Su-27UB(1/72)
3. Su-30(1/72)
4. Su-30MK(1/72)
5. Su-35(1/72)
6. Su-37(1/72)

ベルクト

妙にパーツの分割が細かいベルクト社製のキット。モールドは凸。やや古くさい設計である感は否めないが、Su-27UBに関してはエレールの同型機よりもキャノピーの形状が正確だったりする。このベルクト社のキットもナコトネ社系の金型を使用しているようで、ズベズダのキットとも似通ったところが多い。ロシアの西側周辺で金型が行ったり来たりしている様子がなんとなく透けて見えてくるのが面白い

ICM

1. Su-27(1/72)
2. Su-27ロシアンナイツ(1/72)

エアフィックス系のフランカー。武装は合計14発と充実しており、翼端にはツルブツヤECMポッドも取り付け可能。このECMポッドはこのキットが初の立体化となる

エアフィックス

■ Su-27(1/72)

出来のいいパイロットが付属するエアフィックス版。エレールの複座型などに転生しているキットだ。左右のインテークの位置と大きさがまるで違うようにしか見えない「四次元フランカー」なボックスアートもインパクト大！

イタレリ

1. Su-34/32FN(1/72)
2. Su-34/32(1/72)

エアインテークが1パーツを機体に接着するだけで再現しているなどシンプルなパーツ構成ながら、足周りなど細部はなかなか繊細で良い出来。そのため完成させれば大味な部分も気にならない。兵装が充実しているのも嬉しい

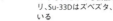

エレール

1. Su-27UB ロシアンナイツ(1/72)
2. Su-27UB

エレールのSu-27UBは1/72ではまともな複座型。ハイテック版はエッチングパーツやメタルの脚柱がセットされているが、現在入手は超困難。持っている人は自慢しよう!!

タミヤ

1. Su-27B2(1/72)
2. Su-34(1/72)

イタレリのOEM。現状一番手軽に入手できるフランカーのキットがこの2種。Su-34の武装は武器セット並の多さで、貴重なパーツも多々い

アカデミー

全スケールを通して最高レベルのプロポーションの良さを持つフランカーキット。ディテールの再現も申し分なく、インテーク内のFOD防止スクリーンやリアビューミラーのエッチングパーツも付属している。胴体は主翼まで一体化した構造で強度も充分。だがプラが柔らかいため、たまに変形することもあるので注意が必要だろう

1. Su-27UB(1/48)
2. Su-30M2(1/48)
3. Su-30MK(1/48)
4. Su-27B(1/48)

カンナム

■ Su-27(1/72)

ツクダホビーのフランカーが韓国のメーカーから転生したキット。ただし、前のランディングギアはシングルタイヤのものに修正されている

アンコール

■ Su-35(1/72)

これもナコトネ金型系キット。箱の印刷はモノクロ色。ソ連軍以外にも、ウクライナ空軍や中国空軍のマーキングが付属している

ツクダホビー

■ Su-27(1/72)

似ていないがゆえに、T-10への改造用ベースキットとして一部で有名なツクダ製キット。ツクダホビーはソ連機に強く、過去にMiG-29やMig-31、SU-25なども販売していた

グンゼ

■ Su-27B(1/72)

このキットもエアフィックス系のフランカー。なんとデカールまで同じものが付属している。箱に描かれている機体の機番は「388」だが、中身には違うものが付属する

エデュアルド

1. Su-27(1/48)
2. Su-27UB(1/48)

機体はアカデミーからのOEM。そこに高品質なデカールと専用設計のディテールアップパーツをセットしたエデュアルドお得意のバリューキット。付属のエッチングパーツは機体用とコクピット用に分かれていて、コクピットはカラーエッチングとなっている。そのコクピットはシートを含めレジンキャストパーツというリッチなキット

プレーンズ

■ Su-27(1/72)

Planesはハンガリーのメーカー。後にこのキット以外にもSu-27UB用の胴体やキャノピー、垂直尾翼などのコンバージョンキットを発売している

エリオット

■ Su-27(1/72)

イギリスはブリストルのメーカー製のバキュームキット。Su-27という名前のキットだが、T-10を元にしたと思われる設計で、当時の情報の錯綜ぶりが窺える

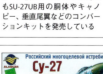

アランゲル

1. Su-27(1/72)
2. Su-30(1/72)

ロシアのメーカーから発売されているものの、こちらもエアフィックス系のフランカー。Su-30は中身がSu-27UBのため、Su-30にするには改造が必要

モデルズビット

■ T-10-1/0/11(1/72)

T-10唯一のキット。決して絶賛できるキットではないが、「この2017年にフランカーの試作タイプのキットが発売されるとは！」と、驚きを隠せないアイテム

ナコトネ

1. Su-27(1/72 旧パッケージ)
2. Su-27(1/72 新パッケージ)
3. Su-35(1/72)

経営方針はタミヤの逆？ 知る人ぞ知る ラトビアプラモ

ナコトネ社はラトビアの模型メーカー。未確認情報だが、現在では模型の生産は行なっておらず、建築資材のメーカーになってしまっているとか。お世辞にも手放しで褒められるキットではなかったという目撃証言が残っているが、現在キット自体が市場に出回っている数が少なく詳細は不明。なぜかこのナコトネ金型は東欧、ロシア界隈で使い倒されているらしく、類似品が多い

タンモデル

■ Su-33D(1/32)

タンモデル初の1/32スケールの大型キット。レドームは開閉選択、主翼や尾翼、テールも折った状態も再現できる

FLANKER
MODELING MANUAL

フランカーモデリングマニュアル

編集	スケールアヴィエーション編集部
デザイン	海老原剛志
発行日	2018年 12月29日　初版第1刷
発行人	小川光二
発行所	株式会社　大日本絵画 〒101-0054 東京都千代田区神田錦町1丁目7番地 Tel. 03-3294-7861(代表) URL. http://www.kaiga.co.jp
企画・編集	株式会社 アートボックス 〒101-0054 東京都千代田区神田錦町1丁目7番地 錦町一丁目ビル4F Tel. 03-6820-7000(代表)　Fax. 03-5281-8467 URL. http://www.modelkasten.com/
印刷／製本	大日本印刷株式会社

◎内容に関するお問い合わせ先：03(6820)7000　㈱アートボックス
◎販売に関するお問い合わせ先：03(3294)7861　㈱大日本絵画

Publisher: Dainippon Kaiga Co., Ltd.
Kanda Nishiki-cho 1-7, Chiyoda-ku, Tokyo 101-0054 Japan
Phone 81-3-3294-7861
Dainippon Kaiga URL. http://www.kaiga.co.jp.
Copyright ⓒ2018 DAINIPPON KAIGA Co., Ltd.
Editor: ARTBOX Co.,Ltd.
Nishikicho 1-chome bldg., 4th Floor, Kanda Nishiki-cho 1-7, Chiyoda-ku, Tokyo 101-0054 Japan
Phone 81-3-6820-7000
ARTBOX URL: http://www.modelkasten.com/

Copyright ⓒ2018 株式会社　大日本絵画
本書掲載の写真、図版および記事等の無断転載を禁じます。
定価はカバーに表示してあります。

ISBN978-4-499-23249-4